업무방해죄·영업방해 성립요건 고소방법 실무지침서

업무방해
영업방해
고소장 고소방법

편저 : 대한법률콘텐츠연구회

(콘텐츠 제공)

해설 · 최신서식 · 판례

법문북스

머 리 말

형법 제314조 제1항 업무방해죄의 보호대상이 되는 '업무'는 직업 또는 계속적으로 종사하는 사무나 사업으로서 타인의 위법한 행위에 의한 침해로부터 보호할 가치가 있으면 되고, 법률상 보호할 가치가 있는 업무인지 여부는 그 사무가 사실상 평온하게 이루어져 사회적 활동의 기반이 되고 있느냐에 따라 결정됩니다.

업무방해죄의 '위력'은 사람의 자유의사를 제압·혼란케 할 만한 일체의 세력을 말하고, 유형적이든 무형적이든 묻지 아니하며, 폭행·협박은 물론 사회적, 경제적, 정치적 지위와 권세에 의한 압박 등도 이에 포함되고, 현실적으로 피해자의 자유의사가 제압되는 것을 필요로 하는 것은 아닙니다.

업무방해죄의 성립에는 업무방해의 결과가 실제로 발생함을 요하지 않고 업무방해의 결과를 초래할 위험이 발생하면 성립합니다.

그리고 업무방해죄의 위력은 원칙적으로 피해자에게 행사되어야 하므로, 그 위력 행사의 상대방이 피해자가 아닌 제3자인 경우 그로 인하여 피해자의 자유의사가 제압될 가능성이 직접적으로 발생함으로써 이를 실질적으로 피해자에 대한 위력의 행사와 동일시할 수 있는 특별한 사정이 있는 경우가 아니라면 피해자에 대한 업무방해죄가 성립한다고 볼수 없습니다. 이때 제3자에 대한 위력의 행사로 피해자의 자유의사가 직접 제압될 가능성이 있는지 여부는 위력 행사의 의도나 목적, 위력 행사의 상대방인 제3자와 피해자의 관계, 위력의 행사 장소나 방법 등 태양, 제3자에 대한 위력의 행사에 관한 피해자의 인식 여부, 제3자에 대한 위력의 행사로 피해자가 입게 되는 불이익이나 피해의 정도, 피해자에 의한 위력의 배제나 제3자에 대한 보호의 가능성 등을 종합적으로 고려하여 판단하여야 합니다.

한편 정보통신망법 제48조 제3항은 "누구든지 정보통신망의 안정적 운영을 방해할 목적으로 대량의 신호 또는 데이터를 보내거나 부정한 명령을 처리하도록 하는 등의 방법으로 정보통신망에 장애가 발생하게 하여서는 아니 된다."라고 규정하고 있고, 이는 정보통신망의 안정적 운영 내지 적정한 작동을 보호하기 위한 규정이므로, 업무방해죄가 성립하기 위해서는 정보통신망이 그 사용목적에 부합하는 기능을 하지 못하거나 사용목적과 다른 기능을 하는 등 정보통신망의 장애가 현실적으로 발생하였을 것을 요합니다.

실무에서 자주 일어나는 업무방해죄에서 '허위사실의 유포'는 객관적으로 진실과 부합하지 않는 사실을 유포하는 것으로서 단순한 의견이나 가치판단을 표시하는 것은 이에 해당하지 않습니다. 허위사실을 유포한 대상이 사실과 의견 가운데 어느 것에 속하는지 판단할 때는 언어의 통상적 의미와 용법, 증명가능성, 문제 된 말이 사용된 문맥, 당시의 사회적 상황 등 전체적 정황을 고려해서 판단해야 합니다.

허위사실 유포에 의한 업무방해를 당하신 경우 의견표현과 사실 적시가 혼재되어 있는 경우라면 이를 전체적으로 보아 허위사실을 유포하여 업무를 방해한 것인지 등을 판단하고 고소하여야 합니다. 의견표현과 사실 적시 부분을 분리하여 별개로 범죄의 성립 여부를 판단해서는 안 됩니다. 반드시 기본적 사실이 거짓이어야 하는 것은 아닙니다.

허위사실의 유포에 의한 업무방해죄의 경우 비록 기본적 사실은 진실이더라도 이에 거짓이 덧붙여져 타인의 업무를 방해할 위험이 있는 경우도 형법 제314조 제1항 업무방해에 해당합니다. 그러나 그 내용 전체의 취지를 살펴볼 때 중요한 부분이 객관적 사실과 합치되고 단지 세부적으로 약간의 차이가 있거나 다소 과장된 표현이 있는 정도에 지나지 않아 타인의 업무를 방해할 위험이 없는 경우는 업무방해죄에 해당하지 않습니다.

업무방해죄에서 '허위사실의 유포'는 객관적으로 진실과 부합하지 않는 사실을 유포하는 것입니다. 단순한 의견이나 가치판단을 표시하는 것은 업무방해죄에서 '허위사실의 유포'에 해당하지 않습니다. 유포한 대상이 사실인지 또는 의견인지를 구별할 때는 언어의 통상적 의미와 용법, 증명가능성, 문제된 말이 사용된 문맥, 당시의 사회적 상황 등 전체적 정황을 고려하여 업무방해죄에서 '허위사실의 유포'의 여부를 판단하여야 합니다.

허위사실은 기본적 사실이 허위여야만 하는 것은 아닙니다.

기본적 사실은 허위가 아니라도 이에 허위사실을 상당 정도 부가시킴으로써 타인의 업무를 방해할 위험이 있는 경우는 업무방해죄에서 '허위사실의 유포에 포함됩니다. 그러나 그 내용의 전체 취지를 살펴볼 때 중요한 부분은 객관적 사실과 합치되는데 단지 세부적인 사실에 약간 차이가 있거나 다소 과장된 정도에 불과하여 타인의 업무를 방해할 위험이 없는 경우는 업무방해죄에서 '허위사실의 유포'에 해당하지 않아 고소할 수 있습니다.

　뜻하지 않은 상황에서 업무의 방해를 당하거나 영업을 할 수 없을 정도로 방해를 당한 경우 즉각적으로 이에 대응하여 누구나 쉽게 법적조치를 취할 수 있는 방법을 활용하여 피해를 구제받을 수 있습니다.

　우리 법문북스에서는 내 소중한 권리가 방해를 받는 바람에 치명적인 피해를 입고 억울한 일을 당해도 법적으로 스스로 대비하고, 즉각적으로 법적대응은 물론이고 법을 잘 알지 못하더라도 얼마든지 혼자서도 업무방해죄로 고소하여 처벌시킬 수 있도록 하기 위하여 실제 있었던 사례를 자세히 분석하고 이에 알맞은 고소하는 방법을 수록한 실무지침서를 적극 권장하고 싶습니다.

편저자

차 례

본 문

최신 서식

관련 법령과 판례

본문

제1장 업무방해죄

1. 처벌규정

업무방해죄는 형법 제314조 제1항 제313조(신용훼손죄 허위의 사실을 유포하거나 기타 위계로써 사람의 신용을 훼손한 자는 5년 이하의 징역 또는 1,500만 원 이하의 벌금에 처합니다)의 방법 또는 위력으로써 사람의 업무에 대해 방해한 자는 5년 이하의 징역 또는 1,500만 원 이하의 벌금에 처하는 범죄입니다.

형법 제314조에는 허위의 사실을 유포하거나 기타 위계로써 또는 위력으로 사람의 업무를 방해한 자를 5년 이하의 징역 또는 1천 500만원 이 하의 벌금에 처하도록 하고 있습니다. 업무방해죄는 그 세부적 구성요건에 따라 편의상'위계'에 의한 업무방해죄와'위력'에 의한 업무방해죄(이하,'위력업무방해죄'로 칭합니다)로 구분됩니다.

2. 보호대상

업무방해죄는 '업무'를 보호대상으로 합니다.

업무주체는 자연인(사람)뿐 아니라 법인, 법인격 없는 단체도 해당합니다. 보호법익으로서 '업무'는 '직업 기타 사회생활상의 지위에 기하여 계속적으로 종사하는 사무 또는 사업'을 뜻합니다.

경제적인 것에 국한되지 않으며, 비록 1회성을 갖는 행위라도 계속성을 갖는 본래의 업무수행의 일환으로서 행하여지는 것이면 해당합하다. 임대인의 승낙 없이 전차한 전차인이 그 건물 내에서 행한 영업과 같이 비록 형식적 적법성을 결한 사무라도 사회생활상 용인 되는 업무로서 사실상 평온하게 영위한 업무라면 영업방해죄의 보호대상이 됩니다.

업무집행 자체를 방해하는 경우뿐 아니라 업무의 경영을 저해하는 경우도 업무를 방해하는 것으로 보아, 예를 들어 서류배달업회사가 고객으로부터 배달을 의뢰받은 서류의 포장 안에 특정 종교를 비방하는 내용의 전단을 행위자가 회사 몰래 집어넣어 함께 배달되게 한 사례도 업무방해죄로 처벌하였습니다.

주로논란이 되는 부분으로는 공무나 취미, 오락으로 하는 부수적 업무가 여기에 포함되느냐 인데, 업무의 보호정도에 관하여는 추상적 위험범이므로 즉 업무가 현실적으로 방해될 필요는 없고 방해될 위험이 있으면 업무방해죄의 기수가 성립합니다.

제2장 영업방해죄

1. 처벌규정

영업방해죄는 특정한 사업자에 대하여 영업을 고의로 방해하는 행위를 의미합니다. 영업방해죄(업무방해죄)는 형법 제314조 제1항 제313조(신용훼손죄 허위의 사실을 유포하거나 기타 위계로써 사람의 신용을 훼손한 자는 5년 이하의 징역 또는 1,500만 원 이하의 벌금에 처합니다)의 방법 또는 위력으로써 사람의 업무에 대해 방해한 자는 5년 이하의 징역 또는 1,500만 원 이하의 벌금에 처하는 범죄입니다.

2. 영업방해의 의의

영업방해의 행위는 물리적으로 행하는 방해만이 아니라 악의적으로 행하는 홍보 또는 허위의 정보를 제공하는 등 매우 다양한 형태로 영업방해가 이루어질 수 있습니다.

영업방해죄라는 용어는 없고 형법 제314조 제1항 업무방해죄로 처벌됩니다.

3. 영업방해 행위

업무방해죄에 의하여 영업활동 전반에 걸쳐 영업방해가 있는 자영업자에 대한 사건사고가 많이 일어나고 있기 때문에 영업을 방해한다고 해서 영업의 이름을 딴 영업방해죄라고 부르는 것이지 영업방해죄는 형법 제314조 '업무방해죄' 라고 합니다.

인터넷에서 악의적으로 댓글을 달거나 평가로 인하여 영업에 큰 지장을 초래하고 이로 인하여 막대한 영업 손실을 입히는 영업방해가 하루에도 수 없이 일어나고 있습니다. 따라서 매장에 들어와서 손님들이 듣고 있는 자리에서 큰 소리로 영업을 방해하거나 의도적으로 손님과 시비를 붙고 폭언하거나 술을 먹은 채 난동을 부리는 것은 형법 제314조 업무방해죄로 고소하시면 얼마든지 처벌할 수 있습니다.

경쟁업체가 의도적으로 쓰레기를 야심한 시각에 매장 입구에 몰래 투기를 하거나 악취가 심한 음식물을 투척하여 영업을 방해하는 것도 형법 제314조 업무방해죄로 고소하면 얼마든지 무거운 처벌을 받게 할 수 있습니다. 한편 음식물주문스팸전화나 스팸문자를 계속해서 반복적으로 전송하여 영업을 방해한 것도 업무방해죄로 처벌할 수 있습니다.

영업장소에 출입할 수 없도록 방해하거나 출입문을 막아서는 적법하지 아니한 출입문 앞에서의 행패를 부리는 것도 형법 제314조 업무방해죄에 해당하기 때문에 고소하시면 무거운 처벌을 시킬 수 있습니다.

제3장 성립요건

업무방해죄가 성립하기 위해서는 첫째, 업무방해의 의사(고의)를 가지고 행위를 하여야 합니다. 둘째, 상대방의 업무활동(물리적 또는 정신적 방해)을 방해하거나 중단시켜야 합니다. 셋째, 상대방의 업무에 실질적인 지장(좌절)을 초래하여야만 성립하고 고소하면 처벌할 수 있습니다.

1. 성립요건 요지

업무방해죄는 특정한 업무나 직무에 대한 진행을 방해하거나 제한을 가하는 행위를 말합니다. 한편 업무방해죄는 의도적인 행위로 이루어져야 합니다. 한편 업무방해죄는 법적으로 허용되지 아니하는 방해 행위를 하여야 합니다. 업무방행죄가 성립하기 위해서 업무에 실질적인 피해가 발생하여야 합니다. 그러므로 위와 같은 성립요건이 충족하여야 업무방해죄의 법 정의에도 나와 있듯이 성립요건이 인정되고 고소하시면 처벌할 수 있습니다.

의도를 가지고 그 업무를 불가능하게 만드는 행위를 함으로써 피해를 입게 되면 업무방해죄가 성립하여 처벌할 수 있고 업무방해는 허위의 사실을 유포하거나 부정한 행위를 통해 영업을 방해하거나 경쟁업체가 종업원을 회유하거나 협박 또는 폭행 등으로 위력에 의한 업무방해 등이 있습니다.

2. 업무방해죄의 '업무'

업무방해죄의 보호대상으로서의 업무는 사람이 사회생활상의 지위에 기해 계속하여 행하는 사무의 일체를 말합니다. 그 업무가 경제적인 것이어야 할 필요는 없습니다. 주된 사무뿐만 아니라 부수적인 사무도 업무방해죄의 '업무' 입니다. 본래 업무의 준비행위도 업무에 포함합니다. 물론 보수의 유무와 영리목적의 유무도 가리지 않습니다. 그리고 사회생활상의 지위에 기한 것이어야 하므로 개인 생활상의 행위, 예컨대 오락 또는 취미로서의 차량운전, 수렵, 골프, 학생의 수강 등은 업무에 해당하지 않습니다.

원칙적으로 계속, 반복의 의사를 가지고 계속하여 행하는 사무여야 하므로 일회적인 사무는 제외합니다. 다만 첫 번째의 행위라도 장래 반복하여 행할 의사로써 행하는 것이라면 업무방해죄의 '업무' 에 해당합니다. 그 자체는 1회만 개최되는 것이라도 어느 정도 기간 계속이 예정된 경우 업무방해죄의 '업무' 에 해당합니다.

또한 업무방해죄의 업무는 '보호법익으로서의 업무' 이기 때문에 타인의 위법한 행위에 의한 침해로부터 형법상 보호할 가치가 있어야 하고 형법상 보호할 가치가 없는 위법한 업무는 업무방해죄의 업무에서 제외됩니다. 이 때 형법상 보호할 가치가 있는 업무인가의 여부에 대해서는 그 사무가 사실상 평온하게 이루어지는 사회적 활동의 기반을 이루고 있느냐에 따라 결정되므로 그 업무의 기초가 된 계약 또는 행정행위 등이 반드시 적법하거나 유효한 것을 요하는 것은 아닙니다. 그러나 어떠한 사무나 활동 자체가 위법의 정도가 중하여 사회생활상 도저히 용인될 수 없는 정도로 반사회성을 띠는 경우에는 업무방해죄의 보호대상이 되지 않습니다.

3. 업무방해

형법 제314조 제1항 업무방해죄는 허위의 사실을 유포하거나 기타 위계 또는 위력으로써 사람의 업무를 방해한 때에는 제314조 제1항 업무방해죄로 처벌한다고 규정하고 있습니다. 업무방해죄의 보호대상으로서의 '업무' 는 사람이 사회생활의 지위에 기해 계속하여 행하는 사무의 일체를 말합니다.

업무가 꼭 경제적인 것이어야 할 필요는 없고 주된 사무뿐만 아니라 부수적인 사무도 업무방해죄의 '업무' 입니다. 그러므로 본래 업무의 준비행위도 포함됩니다. 물론 보수의 유무와 영리목적의 유무도 가리지 않습니다. 따라서 업무는 사회생활상의 지위에 기한 것이어야 하므로 개인 생활상의 행위, 말하자면 잠을 자는 것이거나 오락 또는 취미행위 등은 업무방해죄의 '업무' 에 해당하지 않습니다.

원칙적으로 업무는 계속 또는 반복의 의사를 가지고 계속하여 행하는 사무이여야 하므로 일회적인 사무는 제외되므로 1회의행위라도 장래 반복하여 행할 의사로써 행하는 것이라면 업무방해죄에 말하는 '업무' 에 해당합니다. 그 자체로서 1회만 개최되는 것이라도 어느 정도 기간 계속이 예정된 경우에는 업무에 해당합니다.

업무방해죄의 업무는 타인의 위법한 행위에 의한 침해로부터 보호할 가치가 있어야 합니다. 보호할 가치가 없는 위법한 업무는 형법 제314조 업무방해죄의 업무에서 제외되고 보호할 가치가 있는 업무인가의 여부는 그 사무가 사실상 평온하게 이루어지는 사회적 활동의 기반을 이루고 있느냐에 따라 결정됩니다.

어떤 사무나 활동 그 자체가 위법의 정도가 중하여 사회생활상 도저히 용인될 수 없는 정도로 반사회성을 띠는 경우에는 형법 제314조 업무방해죄의 보호대상이 되지 않습니다.

(1) 실제 사례

예를 들어 전라북도 정읍에 있는 대형마트에 근무하던 직원들이 '부당해고' 라고 쓰인 피켓을 들고 대표이사가 매장에 들어오자 계속 따라다니며 '부당해고를 멈추어라 통합운영 하지마라. 직원들은 아파한다. 부당해고 그만해라' 라고 고성을 지르는 방법으로 약 2시간 동안 피해자인 대표이사의 현장점검업무를 방해한 것입니다. 이에 대표이사가 이들을 형법 제314조 업무방해죄로 고소하였는데 수사기관에서 범죄혐의 유죄로 인정하여 모두 기소된 사안에서 제1심법원은 다수의 피고인들이 매장에서 피켓을 들고 피해자를 계속 따라다니며 고성을 지르고 이를 카메라로 촬영한 것은 피해자의 자유의사를 제압할 만한 위력을 행사한 것이라고 하여 모두 유죄를 인정하였습니다.

4. 업무방해의 '위력'

업무방해죄의'위력'은 피해자의 의사를 제압할 정도의 세력으로써 유형적이든 무형적이든 묻지 않으므로 폭행이나 협박뿐만 아니라 사회적이나 경제적 또는 정치적인 지위나 권세를 이용하는 것도 가능합니다.

업무방해죄의'위력'은 첫째, 사람의 자유의사를 제압할 정도의 세력으로 할 수 있습니다. 둘째, 위력의 방식 내지 내용과 관련해서는 유형적인 세력뿐만 아니라 무형적인 세력을 포함하고 있습니다. 셋째, 위력의 수단과 관련해서는 폭행이나 협박뿐만 아니라 사회적인 지위나 권세를 이용하는 경우도 가능합니다.

업무방해죄의 다른 방법은 바로'위력'을 사용하는 것입니다.

일반적으로'위력'은 사람의 의사를 제압할 수 있는 힘을 사용하는 것을 의미합니다. 현행 형법상'위력'을 수단으로 하는 범죄에는 업무방해죄 외에도 위계, 위력살인죄(제253조), 특수체포감금죄(제278조), 특수협박죄(제284조) 그리고 미성년자간음죄(제302조) 등이 있습니다. 그 중 위계·위력살인죄나 특수체포감금죄, 특수협박죄의 경우 피해자에게 공포심을 일으킬 정도의 강한 의미의 위력을 뜻하는 반면, 미성년자간음죄에서의 위력은 폭행이나 협박 없이 일정한 지위나 권세를 이용하여 피해자에게 영향을 미치는 약한 정도의 힘을 의미합니다. 즉 범죄의 종류에 따라 요구되는 위력의 정도는 서로 다를 수 있습니다.

판례에 따르면 업무방해죄에서의'위력'은'사람의 자유의사를 제압하거나 혼란케 할 만한 일체의 세력'으로서 유형적이든 무형적이든 묻지 아니하며, 폭행·협박은 물론이고 사회적, 경제적, 정치적 지위와 권세에 의한 압박 등을 포함하고, 위력에 의하여 현실적으로 피해자의 자유의사가 제압되는 것을 요하지 않습니다. 말하자면 업무방해죄의 위력은 폭행, 협박과 같은 강한 의미의 위력과 미성년자간음죄에서의 약한 의미의 위력을 모두 포함하는 넓은 의미입니다.

(1) 실제 사례

음식점이나 다방, 커피숍(커피전문점)에서 고함을 지르고 난동을 부린 경우나 회사경비원들의 출입통제업무를 완력으로써 방해한 경우, 채권자가 소규모 영세사업자인 채무자의 휴대전화로 수백회의 전화공세를 한 경우, 회의개최를 집단적 폭언으로 방해한 경우, 월세를 주지 않는다고 단전단수조치로 점포의 영업을 막은 경우가 모두 '위력'에 의한 업무방해죄의 성립을 인정하였습니다.

5. 허위사실의 유포 및 위계

업무방해죄의 방법 중 하나는 바로 허위사실을 유포하거나 기타 위계를 사용하는 것입니다. 따라서 '허위사실의 유포'는 객관적으로 볼 때 진실에 반하는 사실을 불특정 또는 다수인에게 퍼뜨리는 것을 말합니다.

여기서 허위사실의 '유포'는 행위자가 직접 불특정인 또는 다수인에게 유포한 경우 뿐만 아니라 순차적으로 불특정인 또는 다수인에게 전파가능할 것을 예상하여 특정인 또는 소수인에게 발설한 경우도 포함됩니다.

한편 업무방해죄의 '위계'는 행위자가 자신의 목적달성을 위해서 상대방에게 오인이나 착각 또는 부지를 일으키게 하여 이를 이용하는 것을 말합니다. 예컨대 시험문제누설이나 기타 입시부정행위로 대학에 입학시키는 경우, 학위논문을 타인에 의해 대리 작성케 하여 제출한 경우입니다. 소위 말하는 '위장취업' 역시 회사의 사원채용업무를 방해한 경우에 해당한다는 판결도 있습니다.

업무방해죄에 있어서 허위사실의 유포라는 것은 객관적으로 진실과 부합하지 않는 사실을 유포하는 것으로 단순한 의견이나 가치판단을 표시하는 것은 이에 해당하지 않습니다. 다만 의견표현과 사실 유포가 혼재되어 있는 경우에는 이를 전체적으로 보아 허위사실 유포하여 업무를 방해한 것인지 등을 판단하여야 하고 의견표현과 사실 유포 부분을 분리하여 별개로 범죄의 성립 여부를 판단해서는 안 됩니다.

한편 반드시 기본적 사실이 거짓이어야 하는 것은 아니고, 비록 기본적 사실은 진실이더라도 이에 거짓이 덧붙여진 타인의 업무를 방해할 위험이 있는 경우에도 형법 제314조 업무방해죄에 해당합니다. 그 내용 전체의 취지가 중요한 부분이 객관적 사실과 합치되고 단지 세부적으로 약간의 차이가 있거나 다소 과장된 표현이 있는 정도에 지나지 않아서 타인의 업무를 방해할 위험이 없는 경우에는 이에 해당하지 않습니다.

공소가 제기된 범죄의 구성요건을 이루는 사실은 주관적 요건이든 객관적 요건이든 검사에게 증명책임이 있으므로 허위사실을 유포한 행위가 형법 제314조 제1 항의 허위사실 유포 기타 위계에 의한 업무방해죄에 해당하는지 여부를 판단할 때도 마찬가지로 적용됩니다. 이 경우 유포된 사실이 허위의 사실인지 여부에는 유포된 사실의 내용 전체의 취지를 살펴서 판단하여야 하고, 중요한 부분이 객관적 사실과 합치되는 경우는 세부적인 내용이 진실과 약간 차이가 나거나 다소 과장된 표현이 있다고 하더라도 이를 허위의 사실이라고 볼 수 없습니다.

(1) 실제 사례

예를 들어 이러한 말은 새빨간 거짓말입니다. 라는 허위사실이 기재된 피켓을 들고 회사 앞에 장시간 서 있으면서 위와 같은 내용을 불특정 다수의 통행인 또는 위 회사를 출입하는 사람들이 볼 수 있도록 하는 등 공연히 허위사실을 적시, 유포하여 위 피해자가 운영하는 회사의 명예를 훼손하고 동시에 위 피해자가 운영하는 회사의 경영업무를 방해하였다는 것으로 형법 제314조 제1항 업무방해죄로 고소하자 검사는 유죄로 인정하고 공소를 제기하였고 법원은 피켓에 적은 사실이'허위'라고 보아 이 사건 공소사실을 모두 유죄로 인정하고 유죄를 선고하였습니다.

위계에 대해서는 행위자의 행위 목적을 달성하기 위하여 상대방에게 오인, 착각 또는 부지를 일으키게 하여 이를 이용하는 것을 의미합니다. 예를 들어 안전점검 없이 보고서에 확인 및 서명한 경우는 '위계' 입니다. 한편 운항관리자로서 수행하여야 할 출항 전 안전점검을 하지 않았거나 부실하게 하였음에도 불구하고 마치 출항 전의 여객선 안전점검 보고서가 선장에 의해 정상적으로 작성.제출되고, 자신들이 출항 전 안전점검을 제대로 실시한 것처럼 위 보고서에 확인 서명한 것은 해운조합에 대한 관계에서 위계에 해당합니다.

정보처리장치에 정보를 입력하는 행위가 입력된 정보를 바탕으로 업무를 담당하는 사람에 대한 오인, 착각 또는 부지를 일으키는 경우 '위계' 입니다.

예를 들어 국회의원 비례대표 후보자 추천을 위한 당내 경선과정에서 선거권자들로부터 인증번호만을 전달받은 뒤 그들 명의로 특정 후보자에게 전자투표를 하는 방법으로 위계로써 정당의 경선관리 업무를 방해하였다는 내용으로 기소된 사안에 대한 컴퓨터 등 정보처리장치에 정보를 입력하는 등에 대한 행위가 그 입력된 정보 등을 바탕으로 업무를 담당하는 사람의 오인, 착각 또는 부지를 일으킬 목적으로 행해진 경우 그 행위가 그 업무를 담당하는 사람을 직접적인 대상으로 이루어진 것이 아니라고 하여 위계가 아니라고 할 수 없습니다.

6. 해당 판례

(1) 위계에 의한 업무방해

계좌개설 신청인이 접근매체를 양도할 의사로 금융기관에 법인 명의 계좌를 개설하면서 예금거래신청서 등에 금융거래의 목적이나 접근매체의 양도의사 유무 등에 관한 사실을 허위로 기재하였으나, 계좌개설 심사업무를 담당하는 금융기관의 업무담당자가 단순히 예금거래신청서 등에 기재된 계좌개설 신청인의 허위 답변만을 그대로 믿고 그 내용의 진실 여부를 확인할 수 있는 증빙자료의 요구 등 추가적인 확인조치 없이 법인 명의의 계좌를 개설해 준 경우, 신청인에게 '위계'에 의한 업무방해죄가 성립하는지 여부

상대방으로부터 신청을 받아 일정한 자격요건 등을 갖춘 경우에 한하여 그에 대한 수용 여부를 결정하는 업무에 관해서는 신청서에 기재된 사유가 사실과 부합하지 않을 수 있음을 전제로 하여 자격요건 등을 심사·판단하는 것이므로, 업무담당자가 사실을 충분히 확인하지 아니한 채 신청인이 제출한 허위 신청사유나 허위 소명자료를 가볍게 믿고 수용하였다면 이는 업무담당자의 불충분한 심사에 기인한 것으로서 신청인의 위계가 업무방해의 위험성을 발생시켰다고 할 수 없어 위계에 의한 업무방해죄를 구성하지 않는다(대법원 2004. 3. 26. 선고 2003도7927 판결, 대법원 2008. 6. 26. 선고 2008도2537 판결 등 참조). 따라서 계좌개설 신청인이 접근매체를 양도할 의사로 금융기관에 법인 명의 계좌를 개설하면서 예금거래신청서 등에 금융거래의 목적이나 접근매체의 양도의사 유무 등에 관한 사실을 허위로 기재하였으나, 계좌개설 심사업무를 담당하는 금융기관의 업무담당자가 단순히 예금거래신청서 등에 기재된 계좌개설 신청인의 허위 답변만을 그대로 믿고 그 내용의 진실 여부를 확인할 수 있는 증빙자료의 요구 등 추가적인 확인조치 없이 법인 명의의 계좌를 개설해 준 경우 그 계좌개설은 금융기관 업무담당자의 불충분한 심사에 기인한 것이므로, 계좌개설 신청인의 위계가 업무방해의 위험성을 발생시켰다고 할 수 없어 위계에 의한 업무방해죄를 구성하지 않는다고 보아야 한다.

신청을 받아 자격요건 등을 심사하여 수용 여부를 결정하는 업무의 담당자에게 신청인이 허위의 주장을 하면서 이에 부합하는 허위의 소명자료를 첨부하여 제출한 행위가 위계에 의한 업무방해죄를 구성하는 경우

상대방으로부터 신청을 받아 상대방이 일정한 자격요건 등을 갖춘 경우에 한하여 그에 대한 수용 여부를 결정하는 업무에 있어서는 신청서에 기재된 사유가 사실과 부합하지 않을 수 있음을 전제로 자격요건 등을 심사·판단하는 것이므로, 업무담당자가 사실을 충분히 확인하지 않은 채 신청인이 제출한 허위의 신청사유나 허위의 소명자료를 가볍게 믿고 이를 수용하였다면 이는 업무담당자의 불충분한 심사에 기인한 것으로서 신청인의 위계가 업무방해의 위험성을 발생시켰다고 할 수 없어 위계에 의한 업무방해죄를 구성하지 않는다. 그러나 신청인이 업무담당자에게 허위의 주장을 하면서 이에 부합하는 허위의 소명자료를 첨부하여 제출한 경우 그 수리 여부를 결정하는 업무담당자가 관계 규정이 정한 바에 따라 그 요건의 존부에 관하여 나름대로 충분히 심사를 하였으나 신청사유 및 소명자료가 허위임을 발견하지 못하여 신청을 수리하게 될 정도에 이르렀다면 이는 업무담당자의 불충분한 심사가 아니라 신청인의 위계행위에 의하여 업무방해의 위험성이 발생된 것이어서 이에 대하여 '위계'에 의한 업무방해죄가 성립된다(대법원 2007. 12. 27. 선고 2007도5030 판결 등 참조).

다른 사람이 작성한 논문을 피고인 단독 혹은 공동으로 작성한 논문인 것처럼 학술지에 제출하여 발표한 논문연구실적을 부교수 승진심사 서류에 포함하여 제출한 사안에서, 당해 논문을 제외한 다른 논문만으로도 부교수 승진 요건을 월등히 충족하고 있었다는 등의 사정만으로는 승진심사 업무의 적정성이나 공정성을 해할 위험성이 없었다고 단정할 수 없으므로, 위계에 의한 업무방해죄를 구성한다고 한 사례

위계에 의한 업무방해죄에 있어서 위계란, 행위자의 행위목적을 달성하기 위하여 상대방에게 오인, 착각 또는 부지를 일으키게 하여 이를 이용하는 것을 말하고, 업무방해죄의 성립에는 업무방해의 결과가 실제로 발생함을 요하지 않고 업무방해의 결과를 초래할 위험이 발생하는 것이면 족하며, 업무수행 자체가 아니라 업무

의 적정성 내지 공정성이 방해된 경우에도 업무방해죄가 성립한다(대법원 2008. 1. 17. 선고 2006도1721 판결 등 참조).

원심은 그 채택 증거들을 종합하여, 공소외인이 작성한 각 논문을 피고인이 전혀 수정하지 아니한 채 자신을 저작자 명의로 하여 각 학회 편집담당자에게 송부하고 학회지에의 게재를 요청하여 위 각 논문들이 그대로 게재된 사실, 학회지 등에 논문을 게재하는 데에, 해당 논문의 연구주제의 적합성, 연구내용의 참신성, 연구방법의 적절성, 논문구성의 충실성, 연구결과의 기여도, 논문의 의사전달 효과 등이 주로 검토될 뿐 해당 논문이 신청인이 아닌 타인이 작성한 것인지 여부 등은 대체로 검토되지 아니하는 사실 등을 인정한 다음, 학회지 등의 편집 또는 출판 업무담당자가 위와 같은 사실을 알았다면 결코 위 각 논문들을 위 학회지 등에 게재하지 않았을 것이고, 위와 같은 게재요청된 논문에 대한 검토항목 등을 감안하면 위 학회지 편집 또는 출판 업무담당자들의 정상적인 업무처리과정으로는 위와 같은 허위성을 밝혀내기가 어렵다고 할 것이며, 실제로도 위 학회지 편집 또는 출판 업무담당자들이 피고인을 이 사건 각 논문의 단독저자 또는 공동저자로 오인하여 이 사건 각 논문들을 위 학회지 등에 게재하였으므로, 결국 피고인의 이 사건 위계행위로 인하여 위 학회지 업무담당자들의 편집 및 출판 업무가 방해되었다고 할 것이고, 공소외인이 피고인에게 논문의 저작자 표시를 피고인 단독 또는 공소외인과 공동 명의로 하는 점에 관하여 동의하거나 적극적인 권유를 하였는지 여부는 위 업무방해죄 성립에 아무런 영향이 없다고 판단한 다음, 위 각 공소사실을 모두 유죄로 인정하였다.

원심판결 이유를 위 관련 법리와 기록에 비추어 살펴보면, 원심의 위와 같은 사실인정과 판단은 모두 정당한 것으로 수긍할 수 있다.

원심판결에는 상고이유에서 주장하는 바와 같은 채증법칙 위반이나 업무방해죄에서의 위계나 고의에 관한 법리를 오해한 위법이 없다.

검사의 상고이유에 대하여

원심은, 피고인이 2006년 3월경 전항과 같이 공소외인의 이 사건 각 논문을 자신의 논문인 것처럼 발표한 논문연구실적을 부교수 승진심사 서류에 포함하여 담당직원에게 제출하여 다음달인 4월경 부교수로 승진함으로써 위계로써 조선이공대학 심사위원들의 승진심사 업무를 방해하였다는 공소사실에 대하여는, 피고인이 승진심사시에 제출한 이 사건 각 논문을 제외한 다른 논문만으로도 부교수 승진 요건을 월등히 충족하고 있었고, 피고인이 위 각 논문을 제출하였다고 하더라도 위 승진심사에 있어서 더 유리한 지위에 있게 되는 것도 아닌 사실을 인정한 다음, 그렇다면 피고인이 이 사건 각 논문에 관한 연구실적을 부교수 승진심사 서류에 포함하여 제출하였다고 하더라도 이로 인하여 승진심사 업무의 적정성이나 공정성을 침해할 염려가 없다고 할 것이니 업무방해의 위험성도 없다 할 것이어서 이를 위계에 의한 업무방해죄로 처벌할 수 없다고 판단하였다.

그러나 원심이 적법하게 확정한 사실 및 기록에 의하면, 조선이공대학 교원인사규정에는 교원에 대한 승진 임용기준으로서 원심이 판시한 바와 같은 승진소요 근무기간, 교육 및 연구업적 등의 요건 이외에도 교원의 자격에 관하여 교육자로서 인격과 품위를 갖출 것을 기본적인 전제로 정하고 있으며, 징계처분 등을 받은 경우에는 승진할 수 없도록 제한하고 있음을 알 수 있으므로, 교원에 대한 승진 임용을 위한 심사에서는 원심이 인정한 바와 같은 승진소요 근무기간, 교육 및 연구업적 등의 요건 이외에도 교원으로서의 인격과 품위를 갖추고 있는지 여부나 징계사유가 있는지 여부 등도 당연한 심사항목으로 포함되어 있다고 보아야 할 것이다. 그런데 피고인의 경우 원심이 인정한 바와 같이 공소외인이 작성한 이 사건 각 논문을 피고인 자신이나 공소외인 및 피고인이 공동으로 작성한 논문인 것처럼 학술지에 제출하여 발표한 논문연구실적을 부교수 승진심사 서류에 포함하여 제출하였다면, 이는 교육자로서의 인격과 품위를 손상시키는 행위에 해당함이 명백하고 그에 따라 징계처분 등을 받을 만한 사유에도 해당할 것이며(실제로 피고인은 위와 같은 사유로 징계에 회부된 것으로 보인다), 따라서 승진 임용 심사 과정에서 이러한 사정이 확인되었을 경우, 피고인이 승진 임용을 위한 연구업적 등 다른 기준을 충족하고 있다고 하더라도 교원으로서의 인격과 품위에 관하여 고도의 윤리성을 요구하는 승진임용심사의 특성상 피고인이 승진대상자에서 배제되었을 가능성이 높았을 것이고, 승진 임용을 심사하는 위원들로서는 통상적인 심사절차를 통해서는 피고인의 위와 같은 논문연구실적의 일부가 허위라는 사정을 밝혀내기 어려울 것이라는 점 등을 고려하여 보면, 원심이 들고 있는 바와 같이 피고인이 승진 임용심사시에 제출한 논문들 중 이 사건 각 논문을 제외한 다른 논문만으로도 부교수 승진요건을 월등히 충족하고 있었다는 등의 사정만으로 승진 임용심사 업무의 적정성이나 공정성을 해할 위험이 없었다고 단정할 수는 없을 것이다.

그럼에도 원심은, 위와 같은 원심 판시의 사정만을 들어 피고인이 이 사건 각 논문에 관한 연구실적을 부교수 승진심사 서류에 포함하여 제출하였다고 하더라도 이로 인하여 승진심사 업무의 적정성이나 공정성을 침해할 염려가 없다고 단정하였으니, 이러한 원심판결에는 업무방해죄에 있어서의 업무방해의 위험성에 관한 법리를 오해하여 판결 결과에 영향을 미친 위법이 있다.

이 점을 지적하는 취지의 검사의 상고이유 주장은 이유 있다.

(2) 위력에 의한 업무방해

업무방해죄에서 말하는'위력'의 의미 / 어떤 행위의 결과 상대방의 업무에 지장이 초래되었더라도 행위자가 상대방의 의사결정에 관여할 수 있는 권한을 가지고 있거나 업무상의 지시를 할 수 있는 지위에 있는 경우,위력을 행사한 것인지 여부 (원칙적 소극) / 업무방해죄의 성립에 업무방해의 결과가 실제로 발생할 것을 요하지 아니하지만 업무방해의 결과를 초래할 위험은 발생하여야 하는지 여부

형법상 업무방해죄에서 말하는'위력'은 반드시 유형력의 행사에 국한되지 아니하므로 폭력·협박은 물론 사회적·경제적·정치적 지위와 권세에 의한 압박 등도 이에 포함되지만, 적어도 그러한 위력으로 인하여 피해자의 자유의사를 제압하기에 충분하다고 평가될 정도의 세력에는 이르러야 한다. 한편 어떤 행위의 결과 상대방의 업무에 지장이 초래되었더라도 행위자가 상대방의 의사결정에 관여할 수 있는 권한을 가지고 있거나 업무상의 지시를 할 수 있는 지위에 있는 경우에는 그 행위의 내용이나 수단이 사회통념상 허용될 수 없는 등 특별한 사정이 없는 한 위력을 행사한 것이라고 할 수 없다(대법원 2013. 2. 28. 선고 2011도16718 판결, 대법원 2013. 3. 14. 선고 2010도410 판결 등 참조). 또한 업무방해죄의 성

립에는 업무방해의 결과가 실제로 발생할 것을 요하지 아니하지만 업무방해의 결과를 초래할 위험은 발생하여야 하고, 그 위험의 발생이 위계 또는 위력으로 인한 것인지 신중하게 판단되어야 한다(대법원 2005. 4. 15. 선고 2002도3453 판결 등 참조).

업무방해죄에서'위력'의 의미와 판단 기준

업무방해죄의'위력'이란 사람의 자유의사를 제압·혼란케 할 만한 일체의 세력으로서 유형적이든 무형적이든 묻지 아니하므로, 폭력·협박은 물론 사회적·경제적·정치적 지위와 권세에 의한 압박 등도 이에 포함되고, 현실적으로 피해자의 자유의사가 제압될 필요는 없으나 피해자의 자유의사를 제압하기에 충분한 세력이어야 하며, 이러한 위력에 해당하는지 여부는 범행의 일시·장소, 범행의 동기, 목적, 인원수, 세력의 태양, 업무의 종류, 피해자의 지위 등 제반 사정을 고려하여 객관적으로 판단하여야 한다. 또한 반드시 업무에 종사 중인 사람에게 직접 가해지는 세력이어야만 하는 것은 아니고, 사람의 자유의사를 제압하기에 충분한 상태를 조성하여 사람으로 하여금 자유로운 행동을 불가능하게 하거나 현저히 곤란하게 하는 행위도 이에 포함될 수 있다(대법원 2009. 9. 10. 선고 2009도5732 판결 등 참조).

업무방해죄의 보호대상이 되는'업무'의 의미와 판단 기준 / 업무방해죄에서 말하는'위력'의 의미 및 현실적으로 피해자의 자유의사가 제압되는 것을 필요로 하는지 여부(소극) / 업무방해죄의 성립에 업무방해의 결과가 실제로 발생함을 요하는지 여부

형법상 업무방해죄의 보호대상이 되는'업무'란 직업 또는 계속적으로 종사하는 사무나 사업으로서 타인의 위법한 행위에 의한 침해로부터 보호할 가치가 있으면 되고, 법률상 보호할 가치가 있는 업무인지 여부는 그 사무가 사실상 평온하게 이루어져 사회적 활동의 기반이 되고 있느냐에 따라 결정된다(대법원 2001. 9. 14. 선고 2001도3587 판결, 대법원 2007. 7. 26. 선고 2007도3218 판결 등 참조). 또한 업무방해죄의'위력'이란 사람의 자유의사를 제압·혼란케 할 만한 일체의 세력을 말하고, 유형적이든 무형적이든 묻지 아니하며, 폭행·협박은 물론 사회적, 경제적, 정치적 지위와 권세에 의한 압박 등도 이에 포함되고, 현실적으로

피해자의 자유의사가 제압되는 것을 필요로 하는 것은 아니다(대법원 2009. 9. 10. 선고 2009도5732 판결 등 참조). 업무방해죄의 성립에는 업무방해의 결과가 실제로 발생함을 요하지 않고 업무방해의 결과를 초래할 위험이 발생하면 족하다(대법원 2010. 3. 25. 선고 2009도8506 판결 등 참조).

1. 소비자불매운동이 위력에 의한 업무방해죄를 구성하는지 판단하는 기준

2. 위력 행사의 상대방이 피해자가 아닌 제3자인 경우 피해자에 대한 업무방해죄가 성립하기 위한 요건 및 그 판단 기준

한편 소비자가 구매력을 무기로 상품이나 용역에 대한 자신들의 선호를 시장에 실질적으로 반영하기 위한 집단적 시도인 소비자불매운동은 본래'공정한 가격으로 양질의 상품 또는 용역을 적절한 유통구조를 통해 적절한 시기에 안전하게 구입하거나 사용할 소비자의 제반 권익을 증진할 목적'에서 행해지는 소비자보호운동의 일환으로서 헌법 제124조를 통하여 제도로서 보장되나, 그와는 다른 측면에서 일반 시민들이 특정한 사회, 경제적 또는 정치적 대의나 가치를 주장·옹호하거나 이를 진작시키기 위한 수단으로서 소비자불매운동을 선택하는 경우도 있을 수 있고, 이러한 소비자불매운동 역시 반드시 헌법 제124조는 아니더라도 헌법 제21조에 따라 보장되는 정치적 표현의 자유나 헌법 제10조에 내재된 일반적 행동의 자유의 관점 등에서 보호받을 가능성이 있으므로, 단순히 소비자불매운동이 헌법 제124조에 따라 보장되는 소비자보호운동의 요건을 갖추지 못하였다는 이유만으로 이에 대하여 아무런 헌법적 보호도 주어지지 아니한다거나 소비자불매운동에 본질적으로 내재되어 있는 집단행위로서의 성격과 대상 기업에 대한 불이익 또는 피해의 가능성만을 들어 곧바로 형법 제314조 제1항의 업무방해죄에서 말하는 위력의 행사에 해당한다고 단정하여서는 아니 된다.

다만 그 소비자불매운동이 헌법상 보장되는 정치적 표현의 자유나 일반적 행동의 자유 등의 점에서도 전체 법질서상 용인될 수 없을 정도로 사회적 상당성을 갖추지 못한 때에는 그 행위 자체가 위법한 세력의 행사로서 형법 제314조 제1항의 업무방해죄에서 말하는 위력의 개념에 포섭될 수 있고, 그러한 관점에서 어떠한 소비자불매운동이 위력에 의한 업무방해죄를 구성하는지 여부는 해당 소비자불매

운동의 목적, 불매운동에 이르게 된 경위, 대상 기업의 선정이유 및 불매운동의 목적과의 연관성, 대상 기업의 사회·경제적 지위와 거기에 비교되는 불매운동의 규모 및 영향력, 불매운동 참여자의 자발성, 불매운동 실행과정에서 다른 폭력행위나 위법행위의 수반 여부, 불매운동의 기간 및 그로 인하여 대상 기업이 입은 불이익이나 피해의 정도, 그에 대한 대상 기업의 반응이나 태도 등 제반 사정을 종합적·실질적으로 고려하여 판단하여야 한다 (대법원 2009. 9. 10. 선고 2009 도5732 판결 등 참조).

그리고 업무방해죄의 위력은 원칙적으로 피해자에게 행사되어야 하므로, 그 위력 행사의 상대방이 피해자가 아닌 제3자인 경우 그로 인하여 피해자의 자유의사가 제압될 가능성이 직접적으로 발생함으로써 이를 실질적으로 피해자에 대한 위력의 행사와 동일시할 수 있는 특별한 사정이 있는 경우가 아니라면 피해자에 대한 업무방해죄가 성립한다고 볼 수 없다. 이때 제3자에 대한 위력의 행사로 피해자의 자유의사가 직접 제압될 가능성이 있는지 여부는 위력 행사의 의도나 목적, 위력 행사의 상대방인 제3자와 피해자의 관계, 위력의 행사 장소나 방법 등 태양, 제3자에 대한 위력의 행사에 관한 피해자의 인식 여부, 제3자에 대한 위력의 행사로 피해자가 입게 되는 불이익이나 피해의 정도, 피해자에 의한 위력의 배제나 제3자에 대한 보호의 가능성 등을 종합적으로 고려하여 판단하여야 할 것이다.

아울러 정보통신망법 제48조 제3항은"누구든지 정보통신망의 안정적 운영을 방해할 목적으로 대량의 신호 또는 데이터를 보내거나 부정한 명령을 처리하도록 하는 등의 방법으로 정보통신망에 장애가 발생하게 하여서는 아니 된다."라고 규정하고 있고, 이는 정보통신망의 안정적 운영 내지 적정한 작동을 보호하기 위한 규정이므로, 위 죄가 성립하기 위해서는 정보통신망이 그 사용목적에 부합하는 기능을 하지 못하거나 사용목적과 다른 기능을 하는 등 정보통신망의 장애가 현실적으로 발생하였을 것을 요한다고 할 것이다.

(3) 허위사실의 유포에 의한 업무방해죄

업무방해죄에서'허위사실의 유포'의 의미 / 유포한 대상이 사실인지 의견인지 판단하는 방법 및 의견표현과 사실 적시가 혼재되어 있는 경우 전체적으로 보아 허위사실을 유포하여 업무를 방해한 것인지 등을 판단해야 하는지 여부(적극) / 내용 전체의 취지에 비추어 중요한 부분이 객관적 사실과 합치되고 단지 세부적으로 약간의 차이가 있거나 다소 과장된 표현이 있는 정도에 지나지 않는 경우, 업무방해에 해당하는지 여부

업무방해죄에서 '허위사실의 유포'란 객관적으로 진실과 부합하지 않는 사실을 유포하는 것으로서 단순한 의견이나 가치판단을 표시하는 것은 이에 해당하지 않는다. 유포한 대상이 사실과 의견 가운데 어느 것에 속하는지 판단할 때는 언어의 통상적 의미와 용법, 증명가능성, 문제 된 말이 사용된 문맥, 당시의 사회적 상황 등 전체적 정황을 고려해서 판단해야 한다(대법원 1998. 3. 24. 선고 97도2956 판결, 대법원 2017. 4. 13. 선고 2016도19159 판결 등 참조). 의견표현과 사실 적시가 혼재되어 있는 경우에는 이를 전체적으로 보아 허위사실을 유포하여 업무를 방해한 것인지 등을 판단해야지, 의견표현과 사실 적시 부분을 분리하여 별개로 범죄의 성립 여부를 판단해서는 안 된다(대법원 2005. 6. 10. 선고 2005도89 판결 등 참조). 반드시 기본적 사실이 거짓이어야 하는 것은 아니고 비록 기본적 사실은 진실이더라도 이에 거짓이 덧붙여져 타인의 업무를 방해할 위험이 있는 경우도 업무방해에 해당한다. 그러나 그 내용 전체의 취지를 살펴볼 때 중요한 부분이 객관적 사실과 합치되고 단지 세부적으로 약간의 차이가 있거나 다소 과장된 표현이 있는 정도에 지나지 않아 타인의 업무를 방해할 위험이 없는 경우는 이에 해당하지 않는다(대법원 2006. 9. 8. 선고 2006도1580 판결 등 참조).

허위사실 적시에 의한 명예훼손죄에서 적시된 사실의 허위성 및 허위의 인식에 관한 증명책임 소재(=검사) / 이러한 법리는 허위사실을 적시한 행위가 허위사실 유포 기타 위계에 의한 업무방해죄에 해당하는지를 판단할 때에도 마찬가지로 적용되는지 여부(적극) / 이 경우 적시된 사실이 허위의 사실인지 판단하는 방법

형사재판에서 공소가 제기된 범죄의 구성요건을 이루는 사실은 주관적 요건이든 객관적 요건이든 검사에게 증명책임이 있으므로, 형법 제307조 제2항의 허위사실 적시에 의한 명예훼손죄로 기소된 사건에서, 적시된 사실이 사람의 사회적 평가를 떨어뜨리는 것으로서 객관적으로 진실에 부합하지 아니하여 허위라는 점 및 피고인이 그 적시된 사실이 허위라는 것을 인식하고 있었다는 점은 모두 검사가

증명하여야 한다(대법원 2014. 9. 4. 선고 2012도13718 판결 등 참조). 위와 같은 법리는 허위사실을 적시한 행위가 형법 제314조 제1항의 허위사실 유포 기타 위계에 의한 업무방해죄에 해당하는지 여부를 판단할 때도 마찬가지로 적용된다(대법원 2010. 10. 28. 선고 2009도4949 판결 참조). 이 경우 적시된 사실이 허위의 사실인지 여부는 적시된 사실의 내용 전체의 취지를 살펴서 판단하여야 하고, 중요한 부분이 객관적 사실과 합치되는 경우에는 세부적인 내용이 진실과 약간 차이가 나거나 다소 과장된 표현이 있다고 하더라도 이를 허위의 사실이라고 볼 수 없다(대법원 1999. 10. 22. 선고 99도3213 판결, 대법원 2006. 9. 8. 선고 2006도1580 판결 등 참조).

업무방해죄에서 '허위사실의 유포'의 의미 및 유포한 대상이 사실인지 또는 의견인지를 구별하는 방법 / 여기서 '허위사실'에 해당하는지 판단하는 기준

업무방해죄에서 '허위사실의 유포'라고 함은 객관적으로 진실과 부합하지 않는 사실을 유포하는 것으로서 단순한 의견이나 가치판단을 표시하는 것은 이에 해당하지 아니한다. 유포한 대상이 사실인지 또는 의견인지를 구별할 때는 언어의 통상적 의미와 용법, 증명가능성, 문제된 말이 사용된 문맥, 당시의 사회적 상황 등 전체적 정황을 고려하여 판단하여야 한다(대법원 1998. 3. 24. 선고 97도2956 판결, 대법원 2011. 9. 2. 선고 2010도17237 판결 등 참조). 그리고 여기서 허위사실은 기본적 사실이 허위여야만 하는 것은 아니고, 기본적 사실은 허위가 아니라도 이에 허위사실을 상당 정도 부가시킴으로써 타인의 업무를 방해할 위험이 있는 경우도 포함된다. 그러나 그 내용의 전체 취지를 살펴볼 때 중요한 부분은 객관적 사실과 합치되는데 단지 세부적인 사실에 약간 차이가 있거나 다소 과장된 정도에 불과하여 타인의 업무를 방해할 위험이 없는 경우는 이에 해당하지 않는다(대법원 2006. 9. 8. 선고 2006도1580 판결 등 참조).

제4장 고소방법

1. 고소장 접수 및 수사권

업무방해죄(영업방해죄)의 1차적 수사권, 수사종결 권은 경찰에 있으므로 고소장은 피고소인에 대한 주소지를 관할하는 경찰서에 접수하여야 합니다. 피고소인의 인적사항을 알지 못하는 경우 고소장의 피고소인 인적사항란에 피고소인이 사용하는 휴대전화 번호 등의 기본정보를 기재하시고 고소인의 주소지를 관할하는 경찰서에 제출하시면 사안에 따라 사법경찰관이 검사에게 압수수색 영장을 청구하고 압수수색 영장을 발부받아 피고소인의 인적범위를 추적 수사하여 확보하고 피고소인을 출석시켜 조사가 이루어집니다.

경찰서에 업무방해죄 고소장이 접수되면 수사를 담당하는 사법경찰관이 고소장과 고소장에 첨부된 증거자료를 검토하고 먼저 고소인을 상대로 고소진술을 받고 범죄사실을 파악한 후에 피고소인을 출석시켜 범죄사실을 추궁하는 조사를 마칩니다.

2. 경찰의 결정

수사를 마친 사법경찰관은 수사와 판단으로 피의자에 대하여 범죄혐의가 인정된다고 판단되면 피의자를 기소의견으로 검찰에 송치하고 피의자에 대한 범죄혐의가 인정되지 않는다고 판단되면 불송치(사법경찰관이 수사한 결과로 피의자를 기소의견으로 검찰에 송치하지 아니하고 경찰의 수사와 판단만으로 업무방해죄 고소사건을 종결처리 한다는 뜻입니다) 결정하게 됩니다.

3. 불송치 결정 통지

사법경찰관이 피의자를 기소의견으로 검찰에 송치하지 않고 불송치 결정을 하는 때에는 7일 이내에 서면으로 고소인에게 기소의견으로 검찰에 송치하지 아니하는 취지와 그 이유를 통지하여야 합니다.

4. 불송치 결정에 대한 이의신청

불송치결정통지서를 받은 고소인은 그 사법경찰관 소속 관서의 장(경찰서장)에게 이의신청을 할 수 있습니다. 고소인이 이의신청을 할 수 있는 이의신청기간은 형사소송법을 개정하면서 별도로 정하지 않았기 때문에 고소인은 영업방해죄 고소사건의 공소시효가 만료되지 않은 이상 언제든지 불송치 결정에 대한 이의신청을 할 수 있습니다.

5. 검찰청으로 수사기록 송부

불송치 결정에 대한 이의신청을 받은 사법경찰관은 지체 없이 고소인이 제출한 이의신청서와 사법경찰관이 업무방해죄 고소사건에 대하여 지금까지 수사한 수시기록을 비롯하여 증거물을 고스란히 검사에게 송부하여야 합니다.

6. 검사의 재수사 요청 여부의 판단

수사기록을 넘겨받은 검사는 고소인이 제출한 이의신청서와 사법경찰관이 작성한 수사기록을 비교, 검토하고 사법경찰관이 영업방해 고소사건에 대하여 피의자를 기소의견으로 검찰에 송치하지 아니하고 불송치 결정을 한 것이 위법 또는 부당한 때에는 90일 이내에 사법경찰관에게 재수사 요청 여부를 판단하여야 합니다.

업무방해죄 고소장은 피고소인의 업무방해행위는 성립요건이 모두 인정될 수 있도록 사법경찰관에게 설명하는 식으로 작성하고 사법경찰관을 이해시켜야 불송치 결정이 되지 않습니다.

불송치 결정이 되었다 하더라도 검사에게 이의신청서를 통하여 사법경찰관이 불송치이유로 삼은 법적 근거는 어떠한 이유에서 왜 위법하고 부당한 것인지를 그 이유를 설명하여야 검사가 고소인의 이의신청을 받아들여 다시 사법경찰관에게 위법이나 부당한 이유를 구체적으로 명시하여 사법경찰관에게 재수사를 요청하고 최종적으로 기소 여부를 판단하기 때문에 고소의 목적을 달성할 수 있습니다.

최신서식

(1)업무방해죄 고소장 - 업무방해죄 건축공사를 하지 못하게 방해하여 강력한 처벌을 요구하는 고소장 최신서식

고소장

고 소 인 : ○ ○ ○

피 고 소 인 : ○ ○ ○

경남 마산중부경찰서장 귀중

고소장

1.고소인

성명	○ ○ ○	주민등록번호	생략
주소	창원시 마산합포구 ○○대로 ○○, ○○○호		
직업	생략	사무실 주 소	생략
전화	(휴대폰) 010 - 2948 - 0000		
대리인에 의한 고소	□ 법정대리인 (성명 :,연락처) □ 소송대리인 (성명 : 변호사,연락처)		

2.피고소인

성명	○ ○ ○	주민등록번호	생략
주소	창원시 의창구 ○○로 ○길 ○○,○○○-○○○호		
직업	상업	사무실 주 소	생략
전화	(휴대폰) 010 - 1875 - 0000		
기타사항	고소인과의 관계 - 친·인척관계 없습니다.		

3.고소취지

   고소인은 피고소인에 관하여 다음과 같이 형법 제314조 업무방해죄로 고소하오니 법에 준엄함을 깨달을 수 있도록 철저히 수사하여 엄벌에 처해 주시기 바랍니다.

4.범죄사실

(1) 고소인과 피고소인의 관계

　가, 고소인은 경상남도 창원시 ○○구 ○○로 ○○, ○○○호 ○○○.○○㎡ 대지의 소유자입니다(증 제1호증의 1 부동산 등기부 등본, 증 제2호증의 1 토지대장 각 참조).

　나, 피고소인은 고소인 소유의 위 대지와 인접한 경상남도 창원시 ○○구 ○○로 ○○, ○○-○○호 대지 및 위 지상의 주택에 대한 소유자입니다(증 제1호증의 2, 3 각 부동산 등기부 등본, 증 제2호증의 2 토지대장, 증 제9호증 건물대장 각 참조).

(2) 경계침범

　피고소인은 과거 이 사건 대지의 경계를 침범하여 이 사건 주택을 건축하였는바, 이 사건 주택의 일부가 이 사건 대지를 무단 점유하고 있는 실정입니다(증 제3호증의 1 내지 7 각 경계침범 사진, 증 제4호증 지적측량 적부심사 의결서 사본, 증 제8호증 지적측량결과 각 참조).

(3) 건축공사의 극렬히 방해

　가, 한편 고소인은 이 사건 대지에 관하여 건축허가를 득하여 ○○○○. ○○. ○○.부터 그 착공에 들어간 바 있습니다(증 제3호증의 1 내지 7 참조). 그런데 고소인이 이 사건 대지에 건물을 건축함에 있어 피고소인의 이 사건 주택이 경계를 침범한 부분이 문제되지 않을 수 없었습니다.

　나, 피고소인은 이 사건 주택이 이 사건 대지 중 일부를 무단점유하고 있음에도 이를 인정하지 않고 무단점유 부분의 철거 등 적절한 조치를 거부하여 왔는바, 일단 신속한 건축이 시급했던 고소인으로서는 해당 건물의 1, 2층 부분까지는 이 사건 주택의 경계침범 부분을 피해 건축하되, 3층부터는 본래의 이 사건 대지 면적대로 건축을 하기로 하였고, 처음에는 피고소인도 이러한 건축 진행에 동의하였습니다.

다, 그러나 막상 고소인이 1, 2층의 기초공사 등을 마치고 3층 부분의 착공에 들어가자, 피고소인은 고소인이 건축하는 건물의 3층 부분이 이 사건 주택의 처마 일부를 위에서 포개듯이 가린다면서 고소인의 공사 진행에 극렬히 항의하였습니다.

라, 실제로는 이 사건 주택이 오히려 이 사건 대지의 경계를 침범하여 그 처마 부분 등이 이 사건 대지 위에 늘어뜨려진 것이므로, 피고소인이 고소인의 건축을 탓할 것이 아니라 그 침범 부분을 철거해야 마땅한 것입니다.

(4) 건축공사 중단

가, 그리하여 피고소인은 위와 같은 항의와 함께 ○○○○. ○○. ○○. 오후 ○○:○○경 이 사건 대지 공사현장에 있던 인부 고소 외 ○○○에게 농약을 병을 투척하는 등 이를 살포하는 행위를 하고 고소 외 ○○○은 해당 농약이 안구에 접촉하여 눈 부위에 심한 상해를 입고 응급실로 내원을 하게 되었고 그러한 소동으로 말미암아 공사가 중단되게 되었습니다(증 제5호증 김천경찰서 정보공개청구 답변, 증 제6호증 진단서 사본 각 참조)

나, 또한 피고소인은 ○○○○. ○○. ○○. 바닥에 작업한 거푸집을 몰래 다 뜯어내 버리기도 하였고(증 제7호증의 1 내지 6 각 거푸집 뜯어진 사진 참조), 고소인이 바닥을 뜯어낸 것이 누구인지 찾자, 나중에 자랑이라고 자신이 뜯어낸 것이라고 인정하기까지 하였습니다.

다, 고소인은 ○○○○. ○○. ○○. 다시 공사를 시도하였으나 이번에도 피고소인이 작업 인부들로 하여금 작업을 하지 못하게끔‘또 뜯어버리겠다, 공사하면 가만히 안 놔두겠다’고 위협을 하였는바, 작업 인부들로서는 별다른 수 없이 현장을 철수할 수밖에 없었습니다.

라, 결국 피고소인의 계속적인 공사방해행위로 인하여 고소인은 현재까지 공사 지연에 따른 경제적 손실을 보고 있는 상황입니다.

(5) 결론

이에 고소인은 피고소인을 형법 제314조 업무방해죄로 고소하오니 철저히 수사하여 법에 준엄함을 깨달을 수 있도록 엄벌에 처하여 주시기 바랍니다.

5.증거자료

□ 고소인은 고소인의 진술 외에 제출할 증거가 없습니다.

■ 고소인은 고소인의 진술 외에 제출할 증거가 있습니다.

☞ 제출할 증거의 세부내역은 별지를 작성하여 첨부합니다.

6.관련사건의 수사 및 재판여부

① 중복 고소여부	본 고소장과 같은 내용의 고소장을 다른 검찰청 또는 경찰서에 제출하거나 제출하였던 사실이 있습니다 □ / 없습니다 ■
② 관련 형사사건 수사유무	본 고소장에 기재된 범죄사실과 관련된 사건 또는 공범에 대하여 검찰청이나 경찰서에서 수사 중에 있습니다 □ / 수사 중에 있지 않습니다 ■
③ 관련 민사소송 유무	본 고소장에 기재된 범죄사실과 관련된 사건에 대하여 법원에서 민사소송 중에 있습니다 □ / 민사소송 중에 있지 않습니다 ■

7.기타

본 고소장에 기재한 내용은 고소인이 알고 있는 지식과 경험을 바탕으로 모두 사실대로 작성하였으며, 만일 허위사실을 고소하였을 때에는 형법 제156조 무고죄로 처벌받을 것임을 아울러 서약합니다.

○○○○ 년 ○○ 월 ○○ 일

위 고소인 : ○ ○ ○(인)

경남 마산중부경찰서장 귀중

별지 : 증거자료 세부 목록

　　　(범죄사실 입증을 위해 제출하려는 증거에 대하여 아래 각 증거별로 해당 난을 구체적으로 작성해 주시기 바랍니다)

1. 인적증거

성 명	○ ○ ○	주민등록번호	생략		
주 소	창원시 마산회원구 ○○로 ○○, ○○○호			직업	직원
전 화	(휴대폰) 010 - 9904 - 0000				
입증하려는 내 용	위 ○○○은 고소인의 공사현장에서 일을 하면서 피고소인이 농약을 뿌리고 공사를 방해한 것을 목격하여 소상히 잘 알고 있으므로 이를 입증하고자 합니다.				

2. 증거서류

순번	증 거	작성자	제출 유무
1	스크린 샷	고소인	■ 접수시 제출　□ 수사 중 제출
2	진술서	고소인	■ 접수시 제출　□ 수사 중 제출
3			□ 접수시 제출　□ 수사 중 제출
4			□ 접수시 제출　□ 수사 중 제출
5			□ 접수시 제출　□ 수사 중 제출

3. 증거물

순번	증 거	소유자	제출 유무
1	스크린 샷	고소인	■ 접수시 제출 □ 수사 중 제출
2			□ 접수시 제출 □ 수사 중 제출
3			□ 접수시 제출 □ 수사 중 제출
4			□ 접수시 제출 □ 수사 중 제출
5			□ 접수시 제출 □ 수사 중 제출

4. 기타증거

추후 필요에 따라 제출하겠습니다.

(2)업무방해죄 고소장 - 업무방해죄 임차인의 점포에서 월세를 주지 않는다고 행패부리고 손님들을 내 보내 처벌요구 고소장 최신서식

고소장

고　　소　　인 : ○ ○ ○

피　고　소　인 : ○ ○ ○

울산시 울주경찰서장 귀중

고소장

1.고소인

성명	○ ○ ○	주민등록번호	생략
주소	울산시 울주군 범서읍 ○○로 ○길 ○○, ○○○호		
직업	생략	사무실 주 소	생략
전화	(휴대폰) 010 - 1248 - 0000		
대리인에 의한 고소	□ 법정대리인 (성명 :,연락처) □ 소송대리인 (성명 : 변호사, 연락처)		

2.피고소인

성명	○ ○ ○	주민등록번호	생략
주소	울산시 ○○구 ○○로 ○번길 ○○, ○○○호		
직업	무직	사무실 주 소	생략
전화	(휴대폰) 010 - 9987 - 0000		
기타사항	고소인과의 관계 - 친·인척관계 없습니다.		

3.고소취지

　　고소인은 피고소인에 관하여 다음과 같이 형법 제314조 업무방해죄로 고소하오니 법에 준엄함을 깨달을 수 있도록 철저히 수사하여 엄벌에 처해 주시기 바랍니다.

4.범죄사실

(1) 고소인은 ○○○○. ○○. ○○.부터 피고소인이 분양받은 울산시 울주군 ○○읍 ○○로 ○○, ○○건물 내의 점포 약 ○○평에 대하여 보증금 3,000만원, 월차임 200만원, 임차기간 3년으로 임차하여 ○○○라는 상호로 여성의류를 판매하고 있었는데 영업부진으로 ○○○○. ○○.분부터 ○○.분의 월임대료를 3개월간 연체하게 되었습니다.

(2) 피고소인은 ○○○○. ○○. ○○. ○○:○○경 만취한 상태에서 고소인이 경영하는 위 점포로 찾아와서 월세를 내놓으라며 고래고래 큰소리를 치면서 행패를 부리는 바람에 점포 안에서 옷을 고르던 손님들이 놀라 도망가게 하였습니다.

(3) 고소인은 피고소인에게 고소인이 지급한 보증금에서 고소인이 지급하지 못한 월세를 공제한 나머지를 돌려주면 언제라도 점포를 비워주겠다고 하였음에도 불구하고 피고소인은 술만 먹으면 느닷없이 가게 안으로 들어와 옷을 보고 있는 여자 손님을 향하여 고래고래 소리를 지르고 손님들을 밖으로 내쫓고 있습니다.

(4) 그 이후에도 피고소인은 툭하면 술을 한없이 먹고 찾아와서 가게 안을 기웃거리며 고소인에게 욕을 하는 등 영업을 방해한 사실로 인하여 고소인은 도저히 장사를 할 수 없는 지경에까지 이르렀습니다.

(5) 이에 고소인은 피고소인을 업무방해죄로 고소하오니 철저히 수사하여 법에 준엄함을 절실히 깨달을 수 있도록 엄벌에 처하여 주시기 바랍니다.

5.증거자료

□ 고소인은 고소인의 진술 외에 제출할 증거가 없습니다.

■ 고소인은 고소인의 진술 외에 제출할 증거가 있습니다.

☞ 제출할 증거의 세부내역은 별지를 작성하여 첨부합니다.

6.관련사건의 수사 및 재판여부

① 중복 고소여부	본 고소장과 같은 내용의 고소장을 다른 검찰청 또는 경찰서에 제출하거나 제출하였던 사실이 있습니다 □ / 없습니다 ■
② 관련 형사사건 수사유무	본 고소장에 기재된 범죄사실과 관련된 사건 또는 공범에 대하여 검찰청이나 경찰서에서 수사 중에 있습니다 □ / 수사 중에 있지 않습니다 ■
③ 관련 민사소송 유무	본 고소장에 기재된 범죄사실과 관련된 사건에 대하여 법원에서 민사소송 중에 있습니다 □ / 민사소송 중에 있지 않습니다 ■

7.기타

본 고소장에 기재한 내용은 고소인이 알고 있는 지식과 경험을 바탕으로 모두 사실대로 작성하였으며, 만일 허위사실을 고소하였을 때에는 형법 제156조 무고죄로 처벌받을 것임을 아울러 서약합니다.

○○○○ 년 ○○ 월 ○○ 일

위 고소인 : ○ ○ ○(인)

울산시 울주경찰서장 귀중

별지 : 증거자료 세부 목록
    (범죄사실 입증을 위해 제출하려는 증거에 대하여 아래 각 증거별로 해당 난을 구체적으로 작성해 주시기 바랍니다)

1. 인적증거

성 명	○ ○ ○		주민등록번호	생략		
주 소	○○시 ○○로 ○길 ○○, ○○○호				직업	상업
전 화	(휴대폰) 010 - 7767 - 0000					
입증하려는 내 용	위 ○○○은 고소인이 운영하는 점포에서 옷을 보고 있던 중 피고인이 술을 먹고 들어와 소리를 지르고 행패를 부린 것을 직접 목격하여 이를 입증하고자 합니다.					

2. 증거서류

순번	증 거	작성자	제출 유무
1	스크린 샷	고소인	■ 접수시 제출 □ 수사 중 제출
2			□ 접수시 제출 □ 수사 중 제출
3			□ 접수시 제출 □ 수사 중 제출
4			□ 접수시 제출 □ 수사 중 제출
5			□ 접수시 제출 □ 수사 중 제출

3. 증거물

순번	증 거	소유자	제출 유무
1	진술서	고소인	■ 접수시 제출 □ 수사 중 제출
2			□ 접수시 제출 □ 수사 중 제출
3			□ 접수시 제출 □ 수사 중 제출
4			□ 접수시 제출 □ 수사 중 제출
5			□ 접수시 제출 □ 수사 중 제출

4. 기타증거

추후 필요에 따라 제출하겠습니다.

(3)업무방해죄 고소장 - 업무방해죄 건축공사를 진행할 수 없도록 행패를 부리고 업무를 방해하여 처벌을 요구하는 고소장 최신서식

고소장

고　　소　　인 : ○ ○ ○

피　고　소　인 : ○ ○ ○

경북 포항경찰서장 귀중

고소장

1.고 소 인

성명	○ ○ ○	주민등록번호	생략
주소	경상북도 포항시 ○○로 ○○, ○○-○○호		
직업	사업	사무실 주 소	생략
전화	(휴대폰) 010 - 7123 - 0000		
대리인에 의한 고소	☐ 법정대리인 (성명 :,연락처) ☐ 소송대리인 (성명 : 변호사, 연락처)		

2.피고소인

성명	○ ○ ○	주민등록번호	생략
주소	경상북도 포항시 ○○로 ○길 ○○○, ○호		
직업	무직	사무실 주 소	모릅니다.
전화	(휴대폰) 010 - 4589 - 0000		
기타사항	고소인과의 관계 - 친·인척관계 없습니다.		

3.고소취지

고소인은 피고소인에 관하여 다음과 같이 업무방해죄의 죄목으로 고소하오니, 귀 수사기관께서 엄정히 수사하셔서, 그 혐의가 발견되면 엄히 처벌하여 주시기 바랍니다.

4.고소내용

(1) 고소인과 피고소인의 관계

고소인은 경상북도 포항시 ○○로 ○○, ○○○호 ○○○.○○㎡ 대지의 소유자입니다(증 제1호증의 1 부동산 등기부 등본, 증 제2호증의 1 토지대장 각 참조).

피고소인 ○○○는 고소인 소유의 위 대지와 인접한 경상북도 포항시 ○○로 ○○, ○○-○○호 대지 및 위 지상의 주택에 대한 소유자입니다(증 제1호증의 2, 3 각 부동산 등기부 등본, 증 제2호증의 2 토지대장, 증 제9호증 건물대장 각 참조).

(2) 경계침범

피고소인 ○○○는 과거 이 사건 대지의 경계를 침범하여 이 사건 주택을 건축하였는바, 이 사건 주택의 일부가 이 사건 대지를 무단 점유하고 있는 실정입니다(증 제3호증의 1 내지 7 각 경계침범 사진, 증 제4호증 지적측량 적부심사의결서 사본, 증 제8호증 지적측량결과 각 참조).

(3) 건축공사의 극렬히 방해

한편 고소인은 이 사건 대지에 관하여 건축허가를 득하여 ○○○○. ○○. ○○. 부터 그 착공에 들어간 바 있습니다(증 제3호증의 1 내지 7 참조). 그런데 고소인이 이 사건 대지에 건물을 건축함에 있어 피고소인의 이 사건 주택이 경계를 침범한 부분이 문제되지 않을 수 없었습니다.

피고소인은 이 사건 주택이 이 사건 대지 중 일부를 무단점유하고 있음에도 이를 인정하지 않고 무단점유 부분의 철거 등 적절한 조치를 거부하여 왔는바, 일단 신속한 건축이 시급했던 고소인으로서는 해당 건물의 1, 2층 부분까지는 이 사건 주택의 경계침범 부분을 피해 건축하되, 3층부터는 본래의 이 사건 대지 면적대로 건축을 하기로 하였고, 처음에는 피고소인들도 이러한 건축 진행에 동의하였습니다.

그러나 막상 고소인이 1, 2층의 기초공사 등을 마치고 3층 부분의 착공에 들어가자, 피고소인은 고소인이 건축하는 건물의 3층 부분이 이 사건 주택의 처마 일부를 위에서 포개듯이 가린다면서 고소인의 공사 진행에 극렬히 항의하였습니다.

그러나 실제로는 이 사건 주택이 오히려 이 사건 대지의 경계를 침범하여 그 처마 부분 등이 이 사건 대지 위에 늘어뜨려진 것이므로, 피고소인이 고소인의 건축을 탓할 것이 아니라 그 침범 부분을 철거해야 마땅한 것입니다.

(4) 건축공사 중단

그리하여 피고소인은 위와 같은 항의와 함께 ○○○○. ○○. ○○. 오후 ○시경 이 사건 대지 공사현장에 있던 인부 고소 외 ○○○에게 농약을 병을 투척 등 이를 살포하는 행위를 하고 고소 외 ○○○은 해당 농약이 안구에 접촉하여 눈 부위에 심한 상해를 입고 응급실 내원을 하게 되었고 그러한 소동으로 말미암아 공사가 중단되게 되었습니다(증 제5호증 포항경찰서 정보공개청구 답변, 증 제6호증 진단서 사본 각 참조)

또한 피고소인은 ○○○○. ○○. ○○. 바닥에 작업한 거푸집을 몰래 다 뜯어내 버리기도 하였고(증 제7호증의 1 내지 6 각 거푸집 뜯어진 사진 참조), 고소인이 바닥을 뜯어낸 것이 누구인지 찾자, 나중에 자랑스럽게도 자신들이 뜯어낸 것이라고 인정하기까지 하였습니다.

고소인은 ○○○○. ○○. ○○. 다시 공사를 시도하였으나 이번에도 피고소인이 작업 인부들로 하여금 작업을 하지 못하게끔 '또 뜯어버리겠다, 공사하면 가만히 안 놔두겠다.'고 위협을 하였는바, 작업 인부들로서는 별다른 수 없이 현장을 철수할 수밖에 없었습니다.

결국 피고소인의 계속적인 공사방해행위로 인하여 고소인은 현재까지 공사 지연에 따른 경제적 손실을 보고 있는 상황입니다.

(5) 결론

고소인은 피고소인을 위와 같이 고소하오니 철저히 조사하시어 법에 준엄함을 깨달을 수 있도록 엄히 처벌하여 주시기 바랍니다.

5.증거자료

☐ 고소인은 고소인의 진술 외에 제출할 증거가 없습니다.

■ 고소인은 고소인의 진술 외에 제출할 증거가 있습니다.

☞ 제출할 증거의 세부내역은 별지를 작성하여 첨부합니다.

6.관련사건의 수사 및 재판 여부

① 중복 고소여부	본 고소장과 같은 내용의 고소장을 다른 검찰청 또는 경찰서에 제출하거나 제출하였던 사실이 있습니다 ☐ / 없습니다 ■
② 관련 형사사건 수사유무	본 고소장에 기재된 범죄사실과 관련된 사건 또는 공범에 대하여 검찰청이나 경찰서에서 수사 중에 있습니다 ☐ / 수사 중에 있지 않습니다 ■
③ 관련 민사소송 유무	본 고소장에 기재된 범죄사실과 관련된 사건에 대하여 법원에서 민사소송 중에 있습니다 ☐ / 민사소송 중에 있지 않습니다 ■

7.기타

본 고소장에 기재한 내용은 고소인이 알고 있는 지식과 경험을 바탕으로 모두 사실대로 작성하였으며, 만일 허위사실을 고소하였을 때에는 형법 제156조 무고죄로 처벌받을 것임을 서약합니다.

○○○○년 ○○ 월 ○○ 일

위 고소인 : ○ ○ ○(인)

경북 포항경찰서장 귀중

별지 : 증거자료 세부 목록
  (범죄사실 입증을 위해 제출하려는 증거에 대하여 아래 각 증거별로해당 난을
  구체적으로 작성해 주시기 바랍니다)

1. 인적증거

성 명	○ ○ ○	주민등록번호	생략		
주 소	자택 : 포항시 ○○로 ○○-○○호 직장 : 포항시 ○○로 ○○○, ○○○호			직업	공사업
전 화	(휴대폰) 010 - 3211 - 0000				
입증하려는 내 용	위 ○○○은 피고소인의 구체적인 업무방해 행위에 대하여 건축시공자로서 잘 알고 있으므로 이를 입증하고자 합니다.				

2. 증거서류

순번	증 거	작성자	제출 유무
1	등기부등본	고소인	■ 접수시 제출 □ 수사 중 제출
2	건축허가서	고소인	■ 접수시 제출 □ 수사 중 제출
3	진단서	고소인	■ 접수시 제출 □ 수사 중 제출
4	거푸집 뜯어낸 것	피고소인	■ 접수시 제출 □ 수사 중 제출
5	측량성과도면	지적공사	■ 접수시 제출 □ 수사 중 제출

3. 증거물

순번	증거	소유자	제출 유무
1	진단서	고소인	■ 접수시 제출 □ 수사 중 제출
2	현황사진	고소인	■ 접수시 제출 □ 수사 중 제출
3	측량도면		■ 접수시 제출 □ 수사 중 제출
4	정보공개 답변		■ 접수시 제출 □ 수사 중 제출
5			□ 접수시 제출 □ 수사 중 제출

4. 기타증거

추후 필요에 따라 제출하겠습니다.

(4)업무방해죄 고소장 - 허위사실 유포에 의한 업무방해죄 휘위의 사실을 유포하여
영업을 방해를 하여 처벌요구하는 고소장 최신서식

고소장

고   소   인 : ○ ○ ○

피 고 소 인 : ○ ○ ○

부산시 해운대경찰서장 귀중

고소장

1.고 소 인

성명	○ ○ ○	주민등록번호	생략
주소	부산시 해운대구 재반로 ○○길 ○○, ○○○호		
직업	생략	사무실 주 소	생략
전화	(휴대폰) 010 - 7700 - 0000		
대리인에 의한 고소	□ 법정대리인 (성명 :,연락처) □ 소송대리인 (성명 : 변호사, 연락처)		

2.피고소인

성명	○ ○ ○	주민등록번호	생략
주소	부산시 연제구 ○○로 ○○길 ○○○,		
직업	상업	사무실 주 소	생략
전화	(휴대폰) 010 - 9345 - 0000		
기타사항	고소인과의 관계 - 친·인척관계 없습니다.		

3.고소취지

고소인은 피고소인에 관하여 다음과 같이 형법 제314조 제1항 업무방해죄로 고소하오니 법에 준엄함을 깨달을 수 있도록 철저히 수사하여 엄벌에 처해 주시기 바랍니다.

4.범죄사실

(1) 피고소인은 고소인과 같이 ○○○시장에서 같은 수입건강식품판매업을 하고 있습니다.

(2) 평소에 고소인이 좋은 제품을 선별하여 제품을 많이 팔고 수익을 많이 올리는 것에 대하여 피고소인이 이에 시기를 하고 있던 중, ○○○○. ○○. ○○. ○○:○○경 피고소인이 살고 있는 부산시 해운대구 ○○로 ○○, ○○아파트의 단지 내 반상회에 참석하여 고소인이 주식과 어떤 곳에 투자를 잘못하여 운영하던 건강식품회사와 사채업자들이 가압류를 하여 아마 더 이상은 영업을 하기 힘들 거라고 말하였습니다.

(3) 고소인의 지불능력에 대한 사회적 신뢰를 저하시킬 우려가 있는 허위의 사실을 유포한 사실이 있습니다.

(4) 이에 고소인은 피고소인을 형법 제314조 제1항 허위의 사실을 유포한 업무방해죄로 고소하오니 철저히 수사하여 법에 준엄함을 깨달을 수 있도록 엄벌에 처해 주시기 바랍니다.

5.증거자료

☐ 고소인은 고소인의 진술 외에 제출할 증거가 없습니다.

■ 고소인은 고소인의 진술 외에 제출할 증거가 있습니다.

☞ 제출할 증거의 세부내역은 별지를 작성하여 첨부합니다.

6.관련사건의 수사 및 재판여부

① 중복 고소여부	본 고소장과 같은 내용의 고소장을 다른 검찰청 또는 경찰서에 제출하거나 제출하였던 사실이 있습니다 □ / 없습니다 ■
② 관련 형사사건 수사유무	본 고소장에 기재된 범죄사실과 관련된 사건 또는 공범에 대하여 검찰청이나 경찰서에서 수사 중에 있습니다 □ / 수사 중에 있지 않습니다 ■
③ 관련 민사소송 유무	본 고소장에 기재된 범죄사실과 관련된 사건에 대하여 법원에서 민사소송 중에 있습니다 □ / 민사소송 중에 있지 않습니다 ■

7.기타

　　본 고소장에 기재한 내용은 고소인이 알고 있는 지식과 경험을 바탕으로 모두 사실대로 작성하였으며, 만일 허위사실을 고소하였을 때에는 형법 제156조 무고죄로 처벌받을 것임을 아울러 서약합니다.

○○○○ 년 ○○ 월 ○○ 일

위 고소인 : ○　○　○(인)

부산시 해운대경찰서장 귀중

별지 : 증거자료 세부 목록

    (범죄사실 입증을 위해 제출하려는 증거에 대하여 아래 각 증거별로해당 난을 구체적으로 작성해 주시기 바랍니다)

1. 인적증거

성 명	○ ○ ○	주민등록번호	생략		
주 소	부산시 해운대구 ○○로 ○○, ○○○호			직업	상업
전 화	(휴대폰) 010 - 4432 - 0000				
입증하려는 내 용	위 ○○○은 피고소인이 반상회에 참석하여 여러 사람들이 모여있는 자리에서 고소인이 투자를 잘못 해서 부도날 것이라는 말을 직접 듣고 알고 있으므로 이를 입증하고자 합니다.				

2. 증거서류

순번	증 거	작성자	제출 유무
1	녹취록	피고소인	■ 접수시 제출 □ 수사 중 제출
2	진술서	고소인	■ 접수시 제출 □ 수사 중 제출
3			□ 접수시 제출 □ 수사 중 제출
4			□ 접수시 제출 □ 수사 중 제출
5			□ 접수시 제출 □ 수사 중 제출

3. 증거물

순번	증 거	소유자	제출 유무
1	진술서	고소인	■ 접수시 제출 □ 수사 중 제출
2			□ 접수시 제출 □ 수사 중 제출
3			□ 접수시 제출 □ 수사 중 제출
4			□ 접수시 제출 □ 수사 중 제출
5			□ 접수시 제출 □ 수사 중 제출

4. 기타증거

추후 필요에 따라 제출하겠습니다.

(5)업무방해죄 고소장 - 업무방해죄 업무를 보지 못하도록 서류를 은닉하는 등으로
업무를 방해하여 처벌요구하는 고소장 최신서식

고소장

고　　소　　인 : ○ ○ ○

피 고 소 인 : ○ ○ ○

강원 춘천경찰서장 귀중

고소장

1.고 소 인

성명	○ ○ ○	주민등록번호	생략
주소	강원도 춘천시 ○○로 ○○길 ○○, ○○○호		
직업	생략	사무실 주 소	생략
전화	(휴대폰) 010 - 9512 - 0000		
대리인에 의한 고소	□ 법정대리인 (성명 :,연락처) □ 소송대리인 (성명 : 변호사, 연락처)		

2.피고소인

성명	○ ○ ○	주민등록번호	생략
주소	강원도 춘천시 ○○로 ○○길 ○○, ○○호		
직업	상업	사무실 주 소	생략
전화	(휴대폰) 010 - 2333 - 0000		
기타사항	고소인과의 관계 - 친·인척관계 없습니다.		

3.고소취지

고소인은 피고소인에 관하여 다음과 같이 형법 제314조 제1항 업무방해죄로 고소하오니 법에 준엄함을 깨달을 수 있도록 철저히 수사하여 엄벌에 처해 주시기 바랍니다.

4.범죄사실

(1) 피고소인은 강원도 춘천시 ○○로 ○○길 ○○,에 있는 ○○○아파트의 재건축조합의 조합장입니다.

(2) 피고소인이 ○○○○. ○○. ○○.자로 사표를 제출하여 위 재건축조합에서는 임원중에서 가장 연장자가 조합장 직무대행을 하도록 되어 있는 정관의 규정에 따라 고소인이 조합장 직무대행으로 선출되어 ○○○○. ○○. ○○.부터 조합장의 업무를 수행하여 왔습니다.

그런데 피고소인은 ○○○○. ○○. ○○. 14:20경 위 조합 사무실에서 고소인이 ○○○○. ○○. ○○.자로 대의원회의를 소집하여 새로운 조합장을 선출하려는 것을 방해하려고 심부름센터 직원 및 건설회사의 용역업체 직원 등 수십여 명을 동원하여 위 조합사무실의 컴퓨터 3대 등 물품 27개와 조합관련서류 20여점 등을 다른 사무실로 옮기면서 고소인에게 '야, 네가 직무대리지 무슨 조합장이냐','죽여버리겠다', 면서 고소인의 멱살을 잡고 흔들어 위력으로 고소인의 조합장 직무대행 업무를 방해하였습니다.

(3) 이에 고소인은 피고소인을 형법 제314조 제1항 업무방해죄로 고소하오니 철저히 수사하여 법에 준엄함을 깨달을 수 있도록 엄벌에 처하여 주시기 바랍니다.

5.증거자료

☐ 고소인은 고소인의 진술 외에 제출할 증거가 없습니다.

■ 고소인은 고소인의 진술 외에 제출할 증거가 있습니다.

☞ 제출할 증거의 세부내역은 별지를 작성하여 첨부합니다.

6.관련사건의 수사 및 재판여부

① 중복 고소여부	본 고소장과 같은 내용의 고소장을 다른 검찰청 또는 경찰서에 제출하거나 제출하였던 사실이 있습니다 □ / 없습니다 ■
② 관련 형사사건 수사유무	본 고소장에 기재된 범죄사실과 관련된 사건 또는 공범에 대하여 검찰청이나 경찰서에서 수사 중에 있습니다 □ / 수사 중에 있지 않습니다 ■
③ 관련 민사소송 유무	본 고소장에 기재된 범죄사실과 관련된 사건에 대하여 법원에서 민사소송 중에 있습니다 □ / 민사소송 중에 있지 않습니다 ■

7.기타

　　본 고소장에 기재한 내용은 고소인이 알고 있는 지식과 경험을 바탕으로 모두 사실대로 작성하였으며, 만일 허위사실을 고소하였을 때에는 형법 제156조 무고죄로 처벌받을 것임을 아울러 서약합니다.

○○○○ 년 ○○ 월 ○○ 일

위 고소인 : ○　○　○(인)

강원 춘천경찰서장 귀중

별지 : 증거자료 세부 목록
  (범죄사실 입증을 위해 제출하려는 증거에 대하여 아래 각 증거별로 해당 난을
  구체적으로 작성해 주시기 바랍니다)

1. 인적증거

성 명	○ ○ ○	주민등록번호	생략		
주 소	강원도 춘천시 ○○로 ○길 ○○, ○○○호			직업	직원
전 화	(휴대폰) 010 - 8765 - 0000				
입증하려는 내 용	위 ○○○은 피고소인이 심부름센터 직원 등을 대동하고 나타나업무를 방해한 사실을 목격하여 이를 입증하고자 합니다.				

2. 증거서류

순번	증 거	작성자	제출 유무
1	스크린 샷	고소인	■ 접수시 제출　□ 수사 중 제출
2	진술서	고소인	■ 접수시 제출　□ 수사 중 제출
3			□ 접수시 제출　□ 수사 중 제출
4			□ 접수시 제출　□ 수사 중 제출
5			□ 접수시 제출　□ 수사 중 제출

3. 증거물

순번	증 거	소유자	제출 유무
1	진술서 등	고소인	■ 접수시 제출 □ 수사 중 제출
2			□ 접수시 제출 □ 수사 중 제출
3			□ 접수시 제출 □ 수사 중 제출
4			□ 접수시 제출 □ 수사 중 제출
5			□ 접수시 제출 □ 수사 중 제출

4. 기타증거

추후 필요에 따라 제출하겠습니다.

(6)업무방해죄 고소장 - 업무방해죄 허위사실 유포 지불능력의사 없어 부도난다는 헛
소문 퍼뜨려 처벌요구 고소장 최신서식

고소장

고　소　인 : ○ ○ ○

피　고　소　인 : ○ ○ ○

전주시 완산경찰서장 귀중

고소장

1.고 소 인

성명	○ ○ ○	주민등록번호	생략
주소	전주시 ○○구 ○○로 ○○, ○○○동 ○○○호		
직업	상업	사무실 주 소	생략
전화	(휴대전화) 010 - 1987 - 0000		
대리인에 의한 고소	☐ 법정대리인 (성명 :,연락처) ☐ 소송대리인 (성명 : 변호사, 연락처)		

2.피고소인

성명	○ ○ ○	주민등록번호	모릅니다.
주소	전주시 ○○구 ○○로 ○○, ○○○호		
직업	상업	사무실 주 소	없습니다.
전화	(휴대전화) 010 - 3210 - 0000		
기타사항	고소인과의 관계 - 친·인척관계 없습니다.		

3. 고소취지

고소인은 피고소인을 형법 제314조 제1항 업무방해죄로 고소하오니 법에 준엄함을 깨달을 수 있도록 엄벌에 처해 주시기 바랍니다.

4. 범죄사실

(1) 피고소인은 전라북도 전주시 완산구 ○○로 ○길 ○○○,에서 장수컴퓨터의 컴퓨터판매점을 운영하고 있습니다.

(2) 피고소인은 ○○○○. ○○. ○○. 판매점 근처의 같은 지역 안에서 ○○회사의 컴퓨터를 판매하는 고소인이 연일 사은행사를 진행하여 손님을 끌자 그것을 시기하여 상점 등에서 만나는 사람들에게 고소인이 저렇게 날마다 행사를 하는 것은 부도를 막기 위한 마지막 발악이다.

(3) 또한 고소인은 개인적으로도 여러 곳에 빚이 많고 지금까지 장사도 잘 안돼서 행사를 한다고 해도 일어서기가 매우 힘들 것이다. 라고 하여 고소인이 많은 부채를 지고 있으며, 고소인의 컴퓨터 판매점이 경제적으로 위기에 빠져 있는 것처럼 허위사실을 유포하여 고소인이 운영하는 업무를 방해하였습니다.

이에 고소인은 피고소인을 형법 제314조 제1항 업무방해죄로 고소하오니 철저히 수사하여 법에 준엄함을 깨달을 수 있도록 엄벌에 처하여 주시기 바랍니다.

5. 증거자료

□ 고소인은 고소인의 진술 외에 제출할 증거가 없습니다.

■ 고소인은 고소인의 진술 외에 제출할 증거가 있습니다.

☞ 제출할 증거의 세부내역은 별지를 작성하여 첨부합니다.

6.관련사건의 수사 및 재판여부

① 중복 고소여부	본 고소장과 같은 내용의 고소장을 다른 검찰청 또는 경찰서에 제출하거나 제출하였던 사실이 있습니다 □ / 없습니다 ■
② 관련 형사사건 수사유무	본 고소장에 기재된 범죄사실과 관련된 사건 또는 공범에 대하여 검찰청이나 경찰서에서 수사 중에 있습니다 □ / 수사 중에 있지 않습니다 ■
③ 관련 민사소송 유무	본 고소장에 기재된 범죄사실과 관련된 사건에 대하여 법원에서 민사소송 중에 있습니다 □ / 민사소송 중에 있지 않습니다 ■

7.기타

　본 고소장에 기재한 내용은 고소인이 알고 있는 지식과 경험을 바탕으로 모두 사실대로 작성하였으며, 만일 허위사실을 고소하였을 때에는 형법 제156조 무고죄로 처벌받을 것임을 아울러 서약합니다.

○○○○ 년 ○○ 월 ○○ 일

위 고소인 : ○　○　○(인)

전주시 완산경찰서장 귀중

별지 : 증거자료 세부 목록

　　　(범죄사실 입증을 위해 제출하려는 증거에 대하여 아래 각 증거별로해당 난을

　　　구체적으로 작성해 주시기 바랍니다)

1. 인적증거

성 명	○ ○ ○		주민등록번호	생략		
주 소	자택 : 전주시 ○○구 ○○로 ○○, ○○ 직장 : 전주시 ○○구 ○○로 ○○○				직업	회사원
전 화	(휴대폰) 010 - 1245 - 0000					
입증하려는 내 용	위 ○○○은 피고소인이 많은 사람들에게 허위사실을 유포한 사실을 잘 알고 있어 이를 입증하고자 합니다.					

2. 증거서류

순번	증 거	작성자	제출 유무
1	진술서	고소인	■ 접수시 제출　□ 수사 중 제출
2	진술서	고소인	■ 접수시 제출　□ 수사 중 제출
3			□ 접수시 제출　□ 수사 중 제출
4			□ 접수시 제출　□ 수사 중 제출
5			□ 접수시 제출　□ 수사 중 제출

3. 증거물

순번	증 거	소유자	제출 유무
1	진술서	고소인	■ 접수시 제출 □ 수사 중 제출
2	확인서	고소인	■ 접수시 제출 □ 수사 중 제출
3			□ 접수시 제출 □ 수사 중 제출
4			□ 접수시 제출 □ 수사 중 제출
5			□ 접수시 제출 □ 수사 중 제출

4. 기타증거

추후 필요에 따라 제출하겠습니다.

관련 법령과 판례

형법

제313조(신용훼손) 허위의 사실을 유포하거나 기타 위계로써 사람의 신용을 훼손한 자는 5년 이하의 징역 또는 1천500만원 이하의 벌금에 처한다. 〈개정 1995. 12. 29.〉

제314조(업무방해) ① 제313조의 방법 또는 위력으로써 사람의 업무를 방해한 자는 5년 이하의 징역 또는 1천500만원 이하의 벌금에 처한다. 〈개정 1995. 12. 29.〉

② 컴퓨터등 정보처리장치 또는 전자기록등 특수매체기록을 손괴하거나 정보처리장치에 허위의 정보 또는 부정한 명령을 입력하거나 기타 방법으로 정보처리에 장애를 발생하게 하여 사람의 업무를 방해한 자도 제1항의 형과 같다. 〈신설 1995. 12. 29.〉

업무방해·무고·폭행

[서울북부지법 2024. 1. 19. 선고 2023노1593 판결 : 확정]

【판시사항】

상가건물 내 점포 소유자인 피고인이 관리사무소 사무실에서 관리비 부과 및 체납 문제로 관리소장 甲에게 욕설을 하는 등 위력으로 甲의 업무를 방해하고, 관리실 밖으로 나가려는 甲을 밀쳐 폭행하였으며, 甲으로부터 폭행을 당하였다고 수사기관에 허위사실을 신고하여 甲을 무고하였다는 공소사실에 대하여, 제1심이 이를 유죄로 인정하면서 甲이 관리실의 CCTV 재생 화면을 휴대전화로 재촬영하여 제출한 동영상 및 캡처사진(재촬영물)을 증거로 채택하였는데, 피고인은 재촬영물이 임의로 조작·편집된 것이어서 증거능력이 없다고 주장하며 항소하여 그 증거능력이 문제 된 사안에서, 재촬영물은 원본 CCTV 영상파일과의 관계에서 전자적 방법에 의하여 복사된 것이 아니고 그 자체로 재촬영본의 원본이 되는바, 제반 사정을 종합하면 재촬영물은 증거능력이 인정된다는 이유로, 피고인의 주장을 배척하고 항소를 기각한 사례

【판결요지】

상가건물 내 점포 소유자인 피고인이 관리사무소 사무실에서 관리비 부과 및 체납 문제로 관리소장 甲에게 욕설을 하는 등 위력으로 甲의 업무를 방해하고, 관리실 밖으로 나가려는 甲을 밀쳐 폭행하였으며, 甲으로부터 폭행을 당하였다고 수사기관에 허위사실을 신고하여 甲을 무고하였다는 공소사실에 대하여, 제1심이 이를 유죄로 인정하면서 甲이 관리실의 CCTV 재생 화면을 휴대전화로 재촬영하여 제출한 동영상 및 캡처사진(이하 '재촬영물'이라 한다)을 증거로 채택하였는데, 피고인은 재촬영물이 임의로 조작·편집된 것이어서 증거능력이 없다고 주장하며 항소하여 그 증거능력이 문제 된 사안이다.

재촬영물은 원본 CCTV 영상파일과의 관계에서 전자적 방법에 의하여 복사된 것이 아니고 그 자체로 재촬영본의 원본이 되므로, 디지털 증거에서 문제 되는 원본 CCTV 영상파일과의 동일성과 무결성은 증거능력 인정의 요건이 된다고 볼 수 없고, 이 경우 재촬영된 원본의 증거능력은 원본 CCTV 영상을 법정에 제출할 수 없거나 제출이 곤란한 사정이 있고, 촬영자 및 동석자 등의 진술, 재촬영된 영상의 내용 및 상태 등에 의하여 사건과의 관련성 및 인위적 조작이 가해지지 않았다는 점이 증명되면 인정되는바, ① CCTV 영상은 일반적으로 저장매체의 용량 한계로 보관기간이 설정되어 있는 점, ② 재촬영물의 원본 CCTV 영상은 현재 보관기간이 경과하여 법정에 제출하는 것이 불가능한 상태인 점, ③ 재촬영물의 촬영자인 甲은 제1심 법정에서 '관리사무소에 설치된 CCTV의 보관기간이 15일 내지 1달 반 정도로 길지 않았고, 원본

을 백업하려고 하였으나 USB 오류로 백업이 되지 않았다. 설치기사에게 연락하여 A/S를 받으려고도 했으나 시간이 오래 걸린다고 하면서 백업 방법을 알려주겠다고 하였으나 계속 오류가 났다. 다른 방법이 없어 CCTV를 틀어 놓고 휴대전화로 촬영한 것을 증거자료로 제출하였다.'고 진술한 점, ④ 피고인과 변호인은 재촬영물이 조작되었다고만 주장할 뿐 구체적인 조작 내용, 조작이 가해진 시간 등에 대해서는 설명하지 못하는 점, ⑤ 재촬영물의 내용상 앞뒤에 모순이 발생하거나 부자연스러운 부분은 찾을 수 없는 점 등 제반 사정을 종합하면 재촬영물은 증거능력이 인정된다는 이유로, 피고인의 주장을 배척하고 항소를 기각한 사례이다.

특정경제범죄가중처벌등에관한법률위반(배임)(인정된죄명:업무상배임)·업무방해

[대법원 2023. 9. 27. 선고 2023도9332 판결]

【판시사항】

[1] 업무방해죄의 보호대상이 되는 '업무'의 의미

[2] 피고인들이 공모하여 이사회에서 '급여규정 일부 개정안'에 대하여 허위로 설명 또는 보고하거나 개정안과 관련하여 허위의 자료를 작성하여 제시하였는데, 위와 같은 행위로 위계로써 甲 농협 감사의 甲 농협의 재산과 업무집행상황에 대한 감사, 이사회에 대한 의견 진술 등에 관한 업무를 방해하였다는 내용으로 기소된 사안에서, 피고인들의 행위로 이사회에 출석하여 의견을 진술한 이사회 구성원 아닌 감사의 업무가 방해된 경우에 해당하지 않음에도, 이와 달리 본 원심판단에 법리오해의 잘못이 있다고 한 사례

【판결요지】

[1] 업무방해죄의 보호대상이 되는 '업무'라 함은 직업 또는 사회생활상의 지위에 기하여 계속적으로 종사하는 사무나 사업을 말하는 것으로, 이러한 주된 업무와 밀접불가분의 관계에 있는 부수적인 업무도 이에 포함된다.

[2] 피고인들이 공모하여 이사회에서 '급여규정 일부 개정안'에 대하여 허위로 설명 또는 보고하거나 개정안과 관련하여 허위의 자료를 작성하여 제시하였는데, 위와 같은 행위로 위계로써 甲 농협 감사의 甲 농협의 재산과 업무집행상황에 대한 감사, 이사회에 대한 의견 진술 등에 관한 업무를 방해하였다는 내용으로 기소된 사안에서, 甲 농협의 정관에 따르면 감사는 甲 농협의 재산과 업무집행상황을 감사하는 것을 주된 업무로 하는 점, 이사회의 구성 및 운영 주체는 이사들이고, 개별 이사회에서 이루어지는 심의·의결 등 업무는 감사가 그 주체로서 행한 업무에 해당하지 아니하므로, 감사의 특정 이사회 출석 및 의견 진술은 감사의 본래 업무와 밀접불가분의 관계에 있는 부수적인 업무라고 보기 어려운 점, 甲 농협의 조합장을 비롯한 경영진이나 직원들이 이사회에 부의된 안건과 관련하여 이사회에서 하는 보고 또는 설명의 상대방은 이사회의 구성원인 이사들에 한정되는 것으로 볼 수 있을 뿐 이사회 구성원이 아닌 감사 등까지 포함된다고 보기는 어려운 점 등을 종합하면, 피고인들의 행위는 직접적·본질적으로 이사들의 '급여규정 일부 개정안' 심의·의결 업무를 방해한 것으로 볼 수 있을 뿐, 이사회에 참석한 감사의 업무를 방해한 것으로 보기는 어렵고, 피고인들의 이사들에 대한 위와 같은 기망적인 행위로 인해 이사회에 출석한 감사가 의견을 진술하는 데에 결과적으로 지

장을 초래한 것으로 볼 수 있다 하더라도 그 실질은 이사들의 정상적인 심의·의결 업무를 방해하는 행위로 평가·포섭될 수 있을 뿐이므로, 이사회가 의안 심의 및 결의에 관한 업무와 관련하여 특정 안건의 심의 및 의결 절차의 편의상 이사회 구성원이 아닌 감사 등의 의견을 청취하는 것은 그 실질에 있어 이사회 구성원인 이사들의 의안 심의 및 결의에 관한 계속적 업무 혹은 그와 밀접불가분의 관계에 있는 업무에 해당할 뿐, 피고인들의 행위로 이사회에 출석하여 의견을 진술한 이사회 구성원 아닌 감사의 업무가 방해된 경우에 해당한다고 볼 수 없음에도, 이와 달리 본 원심판단에 법리오해의 잘못이 있다고 한 사례.

업무방해[증거은닉범이 본범으로부터 은닉을 교사받고 소지·보관 중이던 본범의 정보저장매체를 임의제출하는 경우 본범의 참여권 인정 여부가 문제된 사건]

[대법원 2023. 9. 18. 선고 2022도7453 전원합의체 판결]

【판시사항】

[1] 정보저장매체를 임의제출한 피압수자에 더하여 임의제출자 아닌 피의자에게도 참여권이 보장되어야 하는 '피의자의 소유·관리에 속하는 정보저장매체'의 의미 및 이에 해당하는지 판단하는 기준 / 피의자나 그 밖의 제3자가 과거 그 정보저장매체의 이용 내지 개별 전자정보의 생성·이용 등에 관여한 사실이 있다거나 그 과정에서 생성된 전자정보에 의해 식별되는 정보주체에 해당한다는 사정만으로 그들을 실질적 피압수자로 취급하여야 하는지 여부(소극)

[2] 피고인이 허위의 인턴십 확인서를 작성한 후 甲의 자녀 대학원 입시에 활용하도록 하는 방법으로 甲 등과 공모하여 대학원 입학담당자들의 입학사정업무를 방해하였다는 공소사실과 관련하여, 甲 등이 주거지에서 사용하던 컴퓨터 내 정보저장매체(하드디스크)에 인턴십 확인서 등 증거들이 저장되어 있고, 甲은 자신 등의 혐의에 대한 수사가 본격화되자 乙에게 지시하여 하드디스크를 은닉하였는데, 이후 수사기관이 乙을 증거은닉혐의 피의자로 입건하자 乙이 이를 임의제출하였고, 수사기관은 하드디스크 임의제출 및 그에 저장된 전자정보에 관한 탐색·복제·출력 과정에서 乙 측에 참여권을 보장한 반면 甲 등에게는 참여 기회를 부여하지 않아 그 증거능력이 문제 된 사안에서, 증거은닉범행의 피의자로서 하드디스크를 임의제출한 乙에 더하여 임의제출자가 아닌 甲 등에게도 참여권이 보장되어야 한다고 볼 수 없다고 한 사례

【판결요지】

[1] [다수의견] (가) 정보저장매체 내의 전자정보가 가지는 중요성은 헌법과 형사소송법이 구현하고자 하는 적법절차, 영장주의, 비례의 원칙과 함께 사생활의 비밀과 자유, 정보에 대한 자기결정권 등의 관점에서 유래된다.

압수의 대상이 되는 전자정보와 그렇지 않은 전자정보가 혼재된 정보저장매체나 그 복제본을 임의제출받은 수사기관이 그 정보저장매체 등을 수사기관 사무실 등으로 옮겨 이를 탐색·복제·출력하는 경우, 그와 같은 일련의 과정에서 형사소송법 제219조, 제121조에서 규정하는 압수·수색영장의 집행을 받는 당사자(이하 '피압수자'라 한다)나 그 변호인에게 참여의 기회를 보장하고 압수된 전자정보의 파일 명세가 특정된 압수목록을 작성·교부하여야 하며, 범죄혐의사실과 무관한 전자정보의 임의적인 복제 등을 막기 위한 적절한 조치를 취하는 등 영장주의 원칙과

적법절차를 준수하여야 한다. 만약 그러한 조치가 취해지지 않았다면 피압수자 측이 참여하지 않겠다는 의사를 명시적으로 표시하였거나 임의제출의 취지와 경과 또는 그 절차 위반행위가 이루어진 과정의 성질과 내용 등에 비추어 피압수자 측에 절차 참여를 보장한 취지가 실질적으로 침해되었다고 볼 수 없을 정도에 해당한다는 등의 특별한 사정이 없는 이상 압수·수색이 적법하다고 평가할 수 없고, 비록 수사기관이 정보저장매체 또는 복제본에서 범죄혐의사실과 관련된 전자정보만을 복제·출력하였다고 하더라도 달리 볼 것은 아니다.

피해자 등 제3자가 피의자의 소유·관리에 속하는 정보저장매체를 임의제출한 경우에는 실질적 피압수자인 피의자가 수사기관으로 하여금 그 전자정보 전부를 무제한 탐색하는 데 동의한 것으로 보기 어려울 뿐만 아니라 피의자 스스로 임의제출한 경우 피의자의 참여권 등이 보장되어야 하는 것과 견주어 보더라도 특별한 사정이 없는 한 피의자에게 참여권을 보장하고 압수한 전자정보 목록을 교부하는 등 피의자의 절차적 권리를 보장하기 위한 적절한 조치가 이루어져야 한다.

(나) 이와 같이 정보저장매체를 임의제출한 피압수자에 더하여 임의제출자 아닌 피의자에게도 참여권이 보장되어야 하는 '피의자의 소유·관리에 속하는 정보저장매체'란, 피의자가 압수·수색 당시 또는 이와 시간적으로 근접한 시기까지 해당 정보저장매체를 현실적으로 지배·관리하면서 그 정보저장매체 내 전자정보 전반에 관한 전속적인 관리처분권을 보유·행사하고, 달리 이를 자신의 의사에 따라 제3자에게 양도하거나 포기하지 아니한 경우로서, 피의자를 그 정보저장매체에 저장된 전자정보 전반에 대한 실질적인 압수·수색 당사자로 평가할 수 있는 경우를 말하는 것이다. 이에 해당하는지 여부는 민사법상 권리의 귀속에 따른 법률적·사후적 판단이 아니라 압수·수색 당시 외형적·객관적으로 인식 가능한 사실상의 상태를 기준으로 판단하여야 한다. 이러한 정보저장매체의 외형적·객관적 지배·관리 등 상태와 별도로 단지 피의자나 그 밖의 제3자가 과거 그 정보저장매체의 이용 내지 개별 전자정보의 생성·이용 등에 관여한 사실이 있다거나 그 과정에서 생성된 전자정보에 의해 식별되는 정보주체에 해당한다는 사정만으로 그들을 실질적으로 압수·수색을 받는 당사자로 취급하여야 하는 것은 아니다.

[대법관 민유숙, 대법관 이흥구, 대법관 오경미의 반대의견] (가) 다수의견은 참여권을 보장받는 주체인 '실질적 피압수자'를 압수·수색의 원인이 된 범죄혐의사실의 피의자를 중심으로 협소하게 파악하는 것으로서 선례의 취지와 방향에 부합하지 않는다. 또 다수의견에 의하면 현대사회의 개인과 기업에게 갈수록 중요한 의미를 갖는 전자정보에 관한 수사기관의 강제처분에서 적법절차와 영장주의를 구

현해야 하는 헌법적 요청을 외면함으로써 실질적 피압수자인 전자정보 관리처분 권자의 사생활의 비밀과 자유 등에 관한 기본권이 침해되는 반헌법적 결과를 용인하게 된다.

(나) 대법원 2021. 11. 18. 선고 2016도348 전원합의체 판결 및 대법원 2022. 1. 27. 선고 2021도11170 판결 등에서 대법원은 전자정보의 압수·수색에서 참여 권이 보장되는 주체인 실질적 피압수자는 해당 정보저장매체를 현실적으로 지배·관리하면서 그 정보저장매체 내 전자정보 전반에 관한 전속적인 관리처분권을 보유·행사하는 자로서 그에 대한 실질적인 압수·수색의 당사자로 평가할 수 있는 사람이라고 하였다. 이러한 선례의 법리와 취지에 따르면, 강제처분의 직접 당사자이자 형식적 피압수자인 정보저장매체의 현실적 소지·보관자 외에 소유·관리자가 별도로 존재하고, 강제처분에 의하여 그의 전자정보에 대한 사생활의 비밀과 자유, 정보에 대한 자기결정권, 재산권 등을 침해받을 우려가 있는 경우, 그 소유·관리자는 참여 권의 보장 대상인 실질적 피압수자라고 보아야 한다. 이때 실질적 피압수자가 압수·수색의 원인이 된 범죄혐의사실의 피의자일 것을 요하는 것은 아니다.

따라서 증거은닉범이 본범으로부터 증거은닉을 교사받아 소지·보관하고 있던 본범 소유·관리의 정보저장매체를 피의자의 지위에서 수사기관에 임의제출하였고, 본범 이 그 정보저장매체에 저장된 전자정보의 탐색·복제·출력 시 사생활의 비밀과 자유 등을 침해받지 않을 실질적인 이익을 갖는다고 평가될 수 있는 경우, 임의제출 자이자 피의자인 증거은닉범과 함께 그러한 실질적 이익을 갖는 본범에게도 참여 권이 보장되어야 한다.

[2] 피고인이 허위의 인턴십 확인서를 작성한 후 甲의 자녀 대학원 입시에 활용하도 록 하는 방법으로 甲 등과 공모하여 대학원 입학담당자들의 입학사정업무를 방해 하였다는 공소사실과 관련하여, 甲 등이 주거지에서 사용하던 컴퓨터 내 정보저장 매체(이하 '하드디스크'라 한다)에 인턴십 확인서 등 증거들이 저장되어 있고, 甲 은 자신 등의 혐의에 대한 수사가 본격화되자 乙에게 지시하여 하드디스크를 은 닉하였는데, 이후 수사기관이 乙을 증거은닉혐의 피의자로 입건하자 乙이 이를 임 의제출하였고, 수사기관은 하드디스크 임의제출 및 그에 저장된 전자정보에 관한 탐색·복제·출력 과정에서 乙 측에 참여권을 보장한 반면 甲 등에게는 참여 기회를 부여하지 않아 그 증거능력이 문제 된 사안에서, 乙은 임의제출의 원인된 범죄혐 의사실인 증거은닉범행의 피의자로서 자신에 대한 수사 과정에서 하드디스크를 임의제출하였는데, 하드디스크 및 그에 저장된 전자정보는 본범인 甲 등의 혐의사 실에 관한 증거이기도 하지만 동시에 은닉행위의 직접적인 목적물에 해당하여 乙

의 증거은닉 혐의사실에 관한 증거이기도 하므로, 乙은 하드디스크와 그에 저장된 전자정보에 관하여 실질적 이해관계가 있는 자에 해당하고, 하드디스크 자체의 임의제출을 비롯하여 증거은닉 혐의사실 관련 전자정보의 탐색·복제·출력 과정 전체에 걸쳐 乙은 참여의 이익이 있는 점, 하드디스크의 은닉과 임의제출 경위, 그 과정에서 乙과 甲 등의 개입 정도 등에 비추어 압수·수색 당시 또는 이에 근접한 시기에 하드디스크를 현실적으로 점유한 사람은 乙이라고 할 것이며, 나아가 乙이 그 무렵 위와 같은 경위로 하드디스크를 현실적으로 점유한 이상 다른 특별한 사정이 없는 한 저장된 전자정보에 관한 관리처분권을 사실상 보유·행사할 수 있는 지위에 있는 사람도 乙이라고 볼 수 있는 점, 甲은 임의제출의 원인된 범죄혐의사실인 증거은닉범행의 피의자가 아닐 뿐만 아니라 하드디스크의 존재 자체를 은폐할 목적으로 막연히 '자신에 대한 수사가 끝날 때까지' 은닉할 것을 부탁하며 하드디스크를 乙에게 교부하였는데, 이는 자신과 하드디스크 및 그에 저장된 전자정보 사이의 외형적 연관성을 은폐·단절하겠다는 목적하에 그 목적 달성에 필요하다면 '수사 종료'라는 불확정 기한까지 하드디스크에 관한 전속적인 지배·관리권을 포기하거나 乙에게 전적으로 양도한다는 의사를 표명한 것으로 볼 수 있는 점 등을 종합하면, 증거은닉범행의 피의자로서 하드디스크를 임의제출한 乙에 더하여 임의제출자가 아닌 甲 등에게도 참여권이 보장되어야 한다고 볼 수 없다는 이유로, 같은 취지에서 하드디스크에 저장된 전자정보의 증거능력을 인정한 원심의 판단이 정당하다고 한 사례.

업무방해
[대법원 2023. 9. 14. 선고 2021도13708 판결]

【판시사항】

[1] 형사소송에서 범죄사실에 대한 증명책임 소재(=검사) 및 피고인에게 유죄를 인정하기 위한 증거의 증명력 정도(=합리적인 의심의 여지가 없을 정도)

[2] 위계에 의한 업무방해죄에서 '위계'의 의미 / 업무방해죄의 성립에 업무방해의 결과가 실제로 발생할 것을 요하는지 여부(소극) 및 업무방해의 결과를 초래할 위험은 발생하여야 하고, 그 위험의 발생이 위계 또는 위력으로 인한 것이어야 하는지 여부(적극)

[3] 학위논문을 작성함에 있어 자료를 분석, 정리하여 논문의 내용을 완성하는 일의 대부분을 타인에게 의존한 경우, 그 논문은 타인에 의하여 대작(代作)된 것으로 보아야 하는지 여부(적극) / 학위청구논문의 작성계획을 밝히는 예비심사 단계에서 제출된 논문 또는 자료의 경우, 학위논문과 동일하게 볼 수 있는지 여부(소극)

경범죄처벌법

제3조(경범죄의 종류)

① 다음 각 호의 어느 하나에 해당하는 사람은 10만원 이하의 벌금, 구류 또는 과료(科料)의 형으로 처벌한다. 〈개정 2014. 11. 19., 2017. 7. 26., 2017. 10. 24.〉

1. (빈집 등에의 침입) 다른 사람이 살지 아니하고 관리하지 아니하는 집 또는 그 울타리·건조물(建造物)·배·자동차 안에 정당한 이유 없이 들어간 사람

2. (흉기의 은닉휴대) 칼·쇠몽둥이·쇠톱 등 사람의 생명 또는 신체에 중대한 위해를 끼치거나 집이나 그 밖의 건조물에 침입하는 데에 사용될 수 있는 연장이나 기구를 정당한 이유 없이 숨겨서 지니고 다니는 사람

3. (폭행 등 예비) 다른 사람의 신체에 위해를 끼칠 것을 공모(共謀)하여 예비행위를 한 사람이 있는 경우 그 공모를 한 사람

4. 삭제 〈2013. 5. 22.〉

5. (시체 현장변경 등) 사산아(死産兒)를 감추거나 정당한 이유 없이 변사체 또는 사산아가 있는 현장을 바꾸어 놓은 사람

6. (도움이 필요한 사람 등의 신고불이행) 자기가 관리하고 있는 곳에 도움을 받아야 할 노인, 어린이, 장애인, 다친 사람 또는 병든 사람이 있거나 시체 또는 사산아가 있는 것을 알면서 이를 관계 공무원에게 지체 없이 신고하지 아니한 사람

7. (관명사칭 등) 국내외의 공직(公職), 계급, 훈장, 학위 또는 그 밖에 법령에 따라 정하여진 명칭이나 칭호 등을 거짓으로 꾸며 대거나 자격이 없으면서 법령에 따라 정하여진 제복, 훈장, 기장 또는 기념장(記念章), 그 밖의 표장(標章) 또는 이와 비슷한 것을 사용한 사람

8. (물품강매·호객행위) 요청하지 아니한 물품을 억지로 사라고 한 사람, 요청하지 아니한 일을 해주거나 재주 등을 부리고 그 대가로 돈을 달라고 한 사람 또는 여러 사람이 모이거나 다니는 곳에서 영업을 목적으로 떠들썩하게 손님을 부른 사람

9. (광고물 무단부착 등) 다른 사람 또는 단체의 집이나 그 밖의 인공구조물과 자동차 등에 함부로 광고물 등을 붙이거나 내걸거나 끼우거나 글씨 또는 그림을 쓰거나 그리거나 새기는 행위 등을 한 사람 또는 다른 사람이나 단체의 간판, 그 밖

의 표시물 또는 인공구조물을 함부로 옮기거나 더럽히거나 훼손한 사람 또는 공공장소에서 광고물 등을 함부로 뿌린 사람

10. (마시는 물 사용방해) 사람이 마시는 물을 더럽히거나 사용하는 것을 방해한 사람

11. (쓰레기 등 투기) 담배꽁초, 껌, 휴지, 쓰레기, 죽은 짐승, 그 밖의 더러운 물건이나 못쓰게 된 물건을 함부로 아무 곳에나 버린 사람

12. (노상방뇨 등) 길, 공원, 그 밖에 여러 사람이 모이거나 다니는 곳에서 함부로 침을 뱉거나 대소변을 보거나 또는 그렇게 하도록 시키거나 개 등 짐승을 끌고 와서 대변을 보게 하고 이를 치우지 아니한 사람

13. (의식방해) 공공기관이나 그 밖의 단체 또는 개인이 하는 행사나 의식을 못된 장난 등으로 방해하거나 행사나 의식을 하는 자 또는 그 밖에 관계 있는 사람이 말려도 듣지 아니하고 행사나 의식을 방해할 우려가 뚜렷한 물건을 가지고 행사장 등에 들어간 사람

14. (단체가입 강요) 싫다고 하는데도 되풀이하여 단체 가입을 억지로 강요한 사람

15. (자연훼손) 공원·명승지·유원지나 그 밖의 녹지구역 등에서 풀·꽃·나무·돌 등을 함부로 꺾거나 캔 사람 또는 바위·나무 등에 글씨를 새기거나 하여 자연을 훼손한 사람

16. (타인의 가축·기계 등 무단조작) 다른 사람 또는 단체의 소나 말, 그 밖의 짐승 또는 매어 놓은 배·뗏목 등을 함부로 풀어 놓거나 자동차 등의 기계를 조작한 사람

17. (물길의 흐름 방해) 개천· 도랑이나 그 밖의 물길의 흐름에 방해될 행위를 한 사람

18. (구걸행위 등) 다른 사람에게 구걸하도록 시켜 올바르지 아니한 이익을 얻은 사람 또는 공공장소에서 구걸을 하여 다른 사람의 통행을 방해하거나 귀찮게 한 사람

19. (불안감조성) 정당한 이유 없이 길을 막거나 시비를 걸거나 주위에 모여들거나 뒤따르거나 몹시 거칠게 겁을 주는 말이나 행동으로 다른 사람을 불안하게 하거나 귀찮고 불쾌하게 한 사람 또는 여러 사람이 이용하거나 다니는 도로·공원 등 공공장소에서 고의로 험악한 문신(文身)을 드러내어 다른 사람에게 혐오감을 준 사람

20. (음주소란 등) 공회당·극장·음식점 등 여러 사람이 모이거나 다니는 곳 또는 여러 사람이 타는 기차·자동차·배 등에서 몹시 거친 말이나 행동으로 주위를 시끄럽게 하거나 술에 취하여 이유 없이 다른 사람에게 주정한 사람

21. (인근소란 등) 악기·라디오·텔레비전·전축·종·확성기·전동기(電動機) 등의 소리를 지나치게 크게 내거나 큰소리로 떠들거나 노래를 불러 이웃을 시끄럽게 한 사람

22. (위험한 불씨 사용) 충분한 주의를 하지 아니하고 건조물, 수풀, 그 밖에 불붙기 쉬운 물건 가까이에서 불을 피우거나 휘발유 또는 그 밖에 불이 옮아붙기 쉬운 물건 가까이에서 불씨를 사용한 사람

23. (물건 던지기 등 위험행위) 다른 사람의 신체나 다른 사람 또는 단체의 물건에 해를 끼칠 우려가 있는 곳에 충분한 주의를 하지 아니하고 물건을 던지거나 붓 거나 또는 쏜 사람

24. (인공구조물 등의 관리소홀) 무너지거나 넘어지거나 떨어질 우려가 있는 인공구 조물이나 그 밖의 물건에 대하여 관계 공무원으로부터 고칠 것을 요구받고도 필 요한 조치를 게을리하여 여러 사람을 위험에 빠트릴 우려가 있게 한 사람

25. (위험한 동물의 관리 소홀) 사람이나 가축에 해를 끼치는 버릇이 있는 개나 그 밖의 동물을 함부로 풀어놓거나 제대로 살피지 아니하여 나다니게 한 사람

26. (동물 등에 의한 행패 등) 소나 말을 놀라게 하여 달아나게 하거나 개나 그 밖 의 동물을 시켜 사람이나 가축에게 달려들게 한 사람

27. (무단소등) 여러 사람이 다니거나 모이는 곳에 켜 놓은 등불이나 다른 사람 또 는 단체가 표시를 하기 위하여 켜 놓은 등불을 함부로 끈 사람

28. (공중통로 안전관리소홀) 여러 사람이 다니는 곳에서 위험한 사고가 발생하는 것을 막을 의무가 있으면서도 등불을 켜 놓지 아니하거나 그 밖의 예방조치를 게을리한 사람

29. (공무원 원조불응) 눈·비·바람·해일·지진 등으로 인한 재해, 화재·교통사고 ·범죄, 그 밖의 급작스러운 사고가 발생하였을 때에 현장에 있으면서도 정당한 이유 없이 관계 공무원 또는 이를 돕는 사람의 현장출입에 관한 지시에 따르지 아니하거나 공무원이 도움을 요청하여도 도움을 주지 아니한 사람

30. (거짓 인적사항 사용) 성명, 주민등록번호, 등록기준지, 주소, 직업 등을 거짓으

로 꾸며대고 배나 비행기를 타거나 인적사항을 물을 권한이 있는 공무원이 적법한 절차를 거쳐 묻는 경우 정당한 이유 없이 다른 사람의 인적사항을 자기의 것으로 거짓으로 꾸며댄 사람

31. (미신요법) 근거 없이 신기하고 용한 약방문인 것처럼 내세우거나 그 밖의 미신적인 방법으로 병을 진찰·치료·예방한다고 하여 사람들의 마음을 홀리게 한 사람

32. (야간통행제한 위반) 전시·사변·천재지변, 그 밖에 사회에 위험이 생길 우려가 있을 경우에 경찰청장이나 해양경찰청장이 정하는 야간통행제한을 위반한 사람

33. (과다노출) 공개된 장소에서 공공연하게 성기·엉덩이 등 신체의 주요한 부위를 노출하여 다른 사람에게 부끄러운 느낌이나 불쾌감을 준 사람

34. (지문채취 불응) 범죄 피의자로 입건된 사람의 신원을 지문조사 외의 다른 방법으로는 확인할 수 없어 경찰공무원이나 검사가 지문을 채취하려고 할 때에 정당한 이유 없이 이를 거부한 사람

35. (자릿세 징수 등) 여러 사람이 모이거나 쓸 수 있도록 개방된 시설 또는 장소에서 좌석이나 주차할 자리를 잡아 주기로 하거나 잡아주면서, 돈을 받거나 요구하거나 돈을 받으려고 다른 사람을 귀찮게 따라다니는 사람

36. (행렬방해) 공공장소에서 승차·승선, 입장·매표 등을 위한 행렬에 끼어들거나 떠밀거나 하여 그 행렬의 질서를 어지럽힌 사람

37. (무단 출입) 출입이 금지된 구역이나 시설 또는 장소에 정당한 이유 없이 들어간 사람

38. (총포 등 조작장난) 여러 사람이 모이거나 다니는 곳에서 충분한 주의를 하지 아니하고 총포, 화약류, 그 밖에 폭발의 우려가 있는 물건을 다루거나 이를 가지고 장난한 사람

39. (무임승차 및 무전취식) 영업용 차 또는 배 등을 타거나 다른 사람이 파는 음식을 먹고 정당한 이유 없이 제 값을 치르지 아니한 사람

40. (장난전화 등) 정당한 이유 없이 다른 사람에게 전화·문자메시지·편지·전자우편·전자문서 등을 여러 차례 되풀이하여 괴롭힌 사람

41. (지속적 괴롭힘) 상대방의 명시적 의사에 반하여 지속적으로 접근을 시도하여 면회 또는 교제를 요구하거나 지켜보기, 따라다니기, 잠복하여 기다리기 등의 행위를 반복하여 하는 사람

② 다음 각 호의 어느 하나에 해당하는 사람은 20만원 이하의 벌금, 구류 또는 과료의 형으로 처벌한다.

  1. (출판물의 부당게재 등) 올바르지 아니한 이익을 얻을 목적으로 다른 사람 또는 단체의 사업이나 사사로운 일에 관하여 신문, 잡지, 그 밖의 출판물에 어떤 사항을 싣거나 싣지 아니할 것을 약속하고 돈이나 물건을 받은 사람

  2. (거짓 광고) 여러 사람에게 물품을 팔거나 나누어 주거나 일을 해주면서 다른 사람을 속이거나 잘못 알게 할 만한 사실을 들어 광고한 사람

  3. (업무방해) 못된 장난 등으로 다른 사람, 단체 또는 공무수행 중인 자의 업무를 방해한 사람

  4. (암표매매) 흥행장, 경기장, 역, 나루터, 정류장, 그 밖에 정하여진 요금을 받고 입장시키거나 승차 또는 승선시키는 곳에서 웃돈을 받고 입장권·승차권 또는 승선권을 다른 사람에게 되판 사람

③ 다음 각 호의 어느 하나에 해당하는 사람은 60만원 이하의 벌금, 구류 또는 과료의 형으로 처벌한다. 〈개정 2013. 5. 22.〉

  1. (관공서에서의 주취소란) 술에 취한 채로 관공서에서 몹시 거친 말과 행동으로 주정하거나 시끄럽게 한 사람

  2. (거짓신고) 있지 아니한 범죄나 재해 사실을 공무원에게 거짓으로 신고한 사람

[2017. 10. 24. 법률 제14908호에 의하여 2016. 11. 24. 헌법재판소에서 위헌 결정된 이 조 제1항제33호를 개정함.]

손해배상(기)

[서울북부지법 2023. 5. 18. 선고 2022가합21884 판결 : 확정]

【판시사항】

아파트 아래층에 사는 甲 등이 이사를 온 직후부터 바로 위층에 사는 乙 등과 층간소음 문제로 분쟁을 겪다가 乙 등을 상대로 층간소음으로 인한 손해배상 등을 구한 사안에서, 乙 등의 집에서 발생시킨 소음은 일상생활을 영위하는 과정에서 자연스럽게 발생할 수 있는 소음이라고 보기 어려울 뿐만 아니라 사회통념상 일반적으로 수인하기 어렵다고 판단되므로, 乙 등은 甲 등에 대하여 불법행위책임을 부담하고, 다만 乙 등에 대한 주거지 내에서 고의적인 소음 유발행위 일체의 금지청구 및 간접강제청구는 이유 없다고 한 사례

【판결요지】

아파트 아래층에 사는 甲 등이 이사를 온 직후부터 바로 위층에 사는 乙 등과 층간소음 문제로 분쟁을 겪다가 乙 등을 상대로 층간소음으로 인한 손해배상 등을 구한 사안이다.

甲 등은 이사 직후부터 층간소음을 이유로 아파트 관리사무소에 민원을 넣거나 112에 신고를 하였고, 관리사무소 직원 내지 경찰이 甲 등의 집을 직접 방문하여 甲 등의 집 위층, 즉 乙 등의 집에서 甲 등이 주장하는 것과 같은 소음이 발생한다는 사실을 확인한 점, 乙이 '乙 등의 집 내에서 불상의 도구로 바닥을 계속해서 내리쳐서 시끄럽게 하였다.'는 사실로 경범죄 처벌법 위반죄(제3조 제1항 제21호)로 즉결심판을 받아 벌금 10만 원의 선고유예를 받은 점, 甲 등은 수시로 乙 등에게 층간소음 문제로 항의하였고, 수십 회에 걸쳐 甲 등의 집 천장에서 들리는 소음이 담긴 영상을 촬영하였는데, 상당수의 영상에 담긴 소음은 일상생활에서 발생할 수 있는 종류의 소음이라기보다는 어떤 물체로 일부러 벽이나 바닥을 두드릴 때 나는 것 같은 '쿵쿵' 소리로 들리고, 당시 甲 등이 측정한 소음의 크기가 60dB을 초과하기도 한 점 등을 종합하면, 乙 등의 집에서 발생시킨 소음은 일상생활을 영위하는 과정에서 자연스럽게 발생할 수 있는 소음이라고 보기 어려울 뿐만 아니라 사회통념상 일반적으로 수인하기 어렵다고 판단되므로, 乙 등은 甲 등에 대하여 불법행위책임을 부담하고, 다만 甲 등이 구하는 고의적인 소음 유발행위 일체를 금지할 경우 乙 등의 자유를 본질적으로 침해할 우려가 있는 점 등을 고려할 때, 乙 등에 대한 주거지 내에서 고의적인 소음 유발행위 일체의 금지청구 및 간접강제청구는 이유 없다고 한 사례이다.

위계공무집행방해·경범죄처벌법위반·응급의료에관한법률위반·업무방해·공무집행방해·모욕
[대법원 2022. 10. 27. 선고 2022도10402 판결]

【판시사항】

거짓신고로 인한 경범죄 처벌법 위반죄와 위계에 의한 공무집행방해죄의 성립 요건 및 보호법익 / 거짓신고 행위가 원인이 되어 상대방인 공무원이 범죄가 발생한 것으로 오인함으로 인하여 공무원이 그러한 사정을 알았더라면 하지 않았을 대응조치를 취하기에 이른 경우, 위계에 의한 공무집행방해죄가 성립하는지 여부(적극) / 거짓신고가 '위계'의 수단·방법·태양의 하나가 된 경우, 위계에 의한 공무집행방해죄와 별도로 거짓신고로 인한 경범죄 처벌법 위반죄가 성립하는지 여부(소극)

▣ 편 저 대한법률콘텐츠연구회 ▣

(연구회 발행도서)
· 불송치결정 이의신청서 재수사요청
· 공소장 공소사실 의견서 작성방법
· 불기소처분 고등법원 재정신청서 작성방법
· 청구취지 원인변경 소의 변경 보충·정정 작성방법
· 청구이의의 소 강제집행정지 제3자이의의 소
· 음주운전 공무집행방해 의견서 작성방법
· 불기소처분 고등법원 재정신청서 작성방법
· 불법행위 손해배상 위자료 청구

업무방해죄·영업방해 성립요건 고소방법 실무지침서
업무방해 영업방해 고소장 고소방법

2024년 10월 20일 인쇄
2024년 10월 25일 발행

편   저   대한법률콘텐츠연구회
발행인   김현호
발행처   법문북스
공급처   법률미디어

주소   서울 구로구 경인로 54길4(구로동 636-62)
전화   02)2636-2911~2, 팩스 02)2636-3012
홈페이지   www.lawb.co.kr

등록일자   1979년 8월 27일
등록번호   제5-22호

ISBN   979-11-93350-73-7 (13360)

정가   24,000원